KB037646

성 과 가 올 라 가 는
영업의 디테일

High

성 과 가 올 라 가 는
영업의 디테일

성기재 · 김삼기 · 진기방 · 김상범 공저

Performance
Selling

푸른영토

영업스킬! 고객의 마음을 얻는 기술!

사회엔 수많은 전문가들이 존재한다. 의사, 변호사, 컨설턴트, 전문 코치 등 그 직업을 갖기 위해 수년간 피나는 노력을 해야 하는 직업이 적지 않다. 이들 중 어떤 이는 큰 성과를 거두지만, 어떤 이는 그에 훨씬 미치지 못한다. 사람들은 그 이유가 전문성의 차이라고 생각하고 많은 시간을 전문지식을 쌓는데 할애한다. 그러나 그들이 더 열심히 공부하는 것만으로는 성공을 보장할 수 없다. 고객의 마음은 직업적 전문성만으로 얻어지는 것이 아니기 때문이다.

영업 전문가들은 고객의 마음을 얻는 세 가지로 지식, 스킬, 태도를 꼽는다. 지식은 의사의 의료지식이나 변호사의 법률 지식 등 작업을 위한 기초 역량을 말한다. 스킬은 자신의 역량을 판매하는 영업스킬, 태도는 고객을 대하는 마음가짐을 의미한다. 이 중 성과에 가장 직접적으로 영향을 미치는 것은 영업 스킬이다.

영업 전문가들은 보험이나 자동차 등 전문 영업 분야에서 고객이 구매를 결정하는 데 영업 기술이 80% 정도 역할을 한다고 말한다. 물론 분야에 따라 다르지만 영업인의 영업스킬은 고객의 호감을 사는 데 큰 영향을 미친다. 생각해보자. 영업인은 누구나 기본 역량을 키우는 데 최선을 다하고, 고객이 진심으로 내 제품을 사 주기를 원한다. 그렇다면 다른 사람과 큰 차이를 보일 부분은 영업스킬뿐이다. 의사나 변호사, 컨설턴트나 전문 코치도 영업스킬에 관해 공부하는 시간을 조금만 할애 한다면 경제적 성과를 크게 향상시킬 수 있다. 고객의 마음을 얻는 경제적 요소는 바로 영업스킬이다.

과거 생산자 중심의 사회에서는 상품과 서비스가 귀하고, 고객은 정보에 어두웠다. 따라서 영업인들은 고객들에게 제품과 서비스의 장점을 인지시키고 이렇게 좋은 상품이니 어서 지갑을 열라고 고객을 압박했다. 당시 마케팅 이론은 고객에게 설득력 있는 정보와 적당한 부담을 주면 성과를 달성할 수 있다고 주장했다.

지금은 상황이 바뀌었다. 물건이나 서비스를 구매하려는 고객은 이미 영업인만큼 혹은 영업인보다 더 많은 정보를 알고 찾아온다. 영업인의 얄팍한 수법에 넘어가지 않으리라 단단히 마음먹는 고객도 적지 않다. 이때 적당한 부담은 고객을 도망가게 만드는 가장 빠른 방법이 된다. 이것이 전통 영업기법이 개선해야 하는 이유다.

자신의 역량을 판매하는 사람들은 실력을 통해 고객을 감동하게 하겠다고 다짐한다. 그러나 그보다 고객 마음의 빗장을 여는 것이 먼저다. 고객 마음의 문은 절대로 밖에서 잡아당겨 열 수 없다. 경청과 질문을 통해 차분히 설득하는 자세, 그 사소한 영업스킬만이 고객의 마음을 활짝 열고 당신이 역량을 발휘할 수 있게 한다.

이 책은 크게 4개 부분 8개의 장으로 구성하였다.

1부 〈성과를 이끄는 영업스킬〉에서는 성공한 영업인들의 특징을 중심으로 영업 고수와 하수의 차이, 성공한 영업인들의 5가지 주요 역할에 대하여 설명하였고, 2부 〈성과를 이끄는 핵심 전략〉에서는 성공한 영업인들의 핵심 전략을 중심으로 장기적인 파트너십 구축 방법, 코칭을 통해 영업인이 자신을 최적화하는 방법에 대해 자세히 설명하였다. 3부 〈영업 고수의 상담스킬과 훈련 방법〉에서는 영업 고수들의 상담 프로세스인 3D, 영업의 위기와 근본 원인, 행동 동역학을 기반으로 한 훈련 방법에 대해 설명하였으며, 4부 〈고수를 만드는 영업 교육 "Know Why!"〉에서는 영업교육의 혁신과 방향, 신중하게 계획된 훈련을 통한 효과적인 영업교육 방법 등에 대해 설명하였다.

영업 종사자라면 이 책은 업종이나 업태, 조직의 규모에 따라 조금 차이가 있을 수 있으나, 고객의 마음을 얻고 실제 성과를 올리는 데 필요한 실천적 스킬들을 습득하기에는 부족함이 없을 것이다. 특히 영업인뿐만 아니라 자영업자, 의사, 변호사, 컨설턴트, 전문 코치 등과 같은 전문가나 프리랜서, 영업 교육 훈련과 관련된 업무에 종사하는 교육훈련 전문가, 영업 관리자들 그리고 경영자들에게도 많은 시사점을 제공할 것이다. 이 책을 통해 날로 어려워지고 있는 영업환경에서 영업인 자신과 조직의 성장은 물론 노력 이상의 결과를 올릴 수 있기를 바란다.

끝으로 책이 완성되기까지 한결같은 애정과 관심으로 흔쾌히 출간을 허락해 준 푸른영토 관계자 여러분 모두에게 감사드린다.

2020. 5. 1

성기재 · 김삼기 · 진기방 · 김상범

차 | 례

PART 1 성과를 이끄는 영업스킬

PART 2 성과를 이끄는 핵심 전략

chapter 3 장기적인 파트너십 구축하기

chapter 4 코칭으로 자신을 최적화하기

PART 3 영업 고수의 상담 스킬과 훈련 방법

PART 4 고수를 만드는 영업 교육 "Know Why!"

성과를 이끄는
영업스킬

chapter 1

고수와
하수의 차이

비즈니스에는 너무나 많은 방해 요소들이 있다. 나 자신이 누구인지에 대해 늘 초점을 두어야 한다. 또한, 고객들의 목표를 달성하도록 도와주기 위해 내가 무엇을 해야 하는지에 초점을 두어야 한다. —스티븐 블라 윈트(J. Steven Blount : 보험영업인)

똑똑하고 붙임성도 좋은데,
왜 실적은 안 오르지?

A 씨는 사람은 좋지만 영업인으로서는 낙제다. 영업을 하루 이틀 한 것도 아니니 경력이 부족한 탓은 아니다. 자기 업무를 잘 알고 있으니 지식이 부족한 것도 아니고 기술이나 기교가 부족한 것도 아니다. 겉으로 드러나는 조건만 본다면 만만찮은 능력을 갖춘 영업인이다. 경력도 풍부하고, 똑똑하고, 붙임성이 있는 데다 교육 수준도 높고 화술도 좋다. 전화든 면담이든 고객 응대도 잘한다. 그런데 성과는 형편없다. 그렇다면 무엇이 문제일까?

A 씨는 매일 정시에 출근한다. 자리에 앉아 컴퓨터를 켜고 이메일에 회신하고, 잠재 고객에게 연락한다. 제안서 작성과 일정 조정도 잘 해내고 자신의 업무 방식을 뒤돌아보기도 한다. 또 다른 영업사원들과 전략에 대해 토론을 하기도 한다. 판매 과정에서 언제 어떤 이야기를 꺼내야 할지도 잘 안다. 다루는 제품에 대해서도 잘 알고 발도 넓어 보인다. 비즈니스에 대해 정말 많이 알고 있다. 누가 누구와 안면이 있고 중요 고

객을 확보하려면 어떻게 접촉해야 하는지에 대해 늘 기발한 아이디어를 제공하곤 한다.

영업 관리자가 "A 님의 파이프라인'이 빈약한 주된 이유가 뭐라고 생각하세요?"하고 물었더니 대답은 "좀 더 나은 마케팅 방법이 필요하다고 생각합니다. 보다 실속 있는 잠재 고객 연락처가 부족해서 그런 거 같습니다"였다. 여기서 우리는 우리는 A 씨가 영업에서 절대 성공할 수 없다는 사실을 알 수 있다. 고객이 자신에게 와주기를 기다리고 있기 때문이다.

세상에는 수천, 수백만의 영업인들이 있다. 그들 중 실패하는 영업인들은 아무것도 하지 않으면서 대박 판매, 승진, 더 많은 인센티브, 더 나은 직장, 더 나은 삶 등을 꿈꾸며 뭔가가 일어나기만을 기대한다. 이 이야기는 이 책에서 가장 먼저 다루어야 할 주제이자 필자가 말하려는 모든 내용과 연관되어 있다. 바로 '영업의 진정한 의미는 무엇일까?'라는 것이다.

고객을 기다리지 마라

고객이 영업인을 기다리고 있다. 온 세상이 영업인들을 기다리고 있다. 그런데도 희망이 보이지 않는 직장에 묶여 있거나 하는 일이 뜻대로 되지 않아 우울해하는 영업인들 대부분은 뭔가가 저절로 일어나기만을 기다리고 있는 사람들이다.

---

* 영업에서 파이프라인은 한 영업사원이 현재 다루고 있는 판매 기회의 숫자를 비유하는 표현

A 씨의 이야기로 돌아가 보자. 이 친구도 자기 코앞에 뭔가가 떨어지기만을 기다린다. 마케팅 부서에서 고객을 자기에게 연결해 주기를 기다린다. 하지만 그렇게 될 가능성은 거의 없다. 매출은 마케터들이 아니라 영업인들이 일으키는 것이다. 영업인들이야말로 실제 일을 성사시키는 사람들이기 때문이다.

영업직 지원자 면접을 볼 때, 지시를 기다리기보다 스스로 현장에서 무언가를 이루어 내본 사람을 찾는다. 사내 경연 대회에서 우승해본 적이 있거나, 신념에 따라 자원봉사를 해본 적이 있거나, 학교 운동부에서 리더로 활약해본 적이 있는 사람들이다. 이런 사람들이 영업인으로 성공할 가능성이 높다. 이들은 가만히 앉아서 무슨 일이 일어나기를 기다리지 않는다. 그런 체질이 아니다. 성공에 대한 욕망이 있는 사람들이다. 면접관들은 그런 사람들을 선발한다.

영업인으로서 당신은 어떤 사람인가? 스스로 나서서 뭔가를 하며 주도적이고 스스로 적극적인 사람이라고 생각하는가? 그렇다면 당신은 영업 분야에서 성공하는 데 필요한 자질을 갖춘 사람이다. 매우 기초적인 이야기지만 적극성은 영업활동의 기본이라고 할 수 있다. 고객이 전화해 주기를 기다리는 사람은 결코 성공할 수 없다. 고객들은 영업인들에게 전화를 걸어주지 않는다. 간절한 마음으로 적극적으로 영업하는 사람들의 전화를 받기도 바쁘기 때문이다. 세상은 당신을 위해 길을 터주기를 기다리지 않는다. 지금 밖으로 나가 영업활동을 시작하자.

고수는 팔고,
하수는 떠든다

영업의 고수와 하수를 구별하는 쉬운 방법은 대화를 어떻게 진행하는지 관찰하는 것이다. 고수는 질문을 하고 상대방의 반응에 귀를 기울인다. 이런 과정을 통해 먼저 상대방의 생각을 이해하고 난 후, 그에 맞춰 이야기를 진행한다. 이에 반해 하수는 질문은 하지 않고 자기 생각을 말하기에 바쁘다. 상대방을 이해할 필요를 느끼지 못하고 자기 생각만 주장한다. 상대방을 이해하려는 게 아니라 자기가 이해받기를 원하는 것이다. 이것이 바로 고수와 하수를 구별하는 기준이다.

하수는 어느 경우에 팔 수 있을까? 가격이 아주 낮거나, 독특한 제품이나 서비스가 있거나, 기발하고 새로운 특징을 갖춘 제품이 있을 경우에는 들어줄 준비가 된 고객들에게 이야기하는 것만으로 충분하다. TV나 인터넷 같은 대중매체를 통해 말이다. 반대로 고수에게 맞는 것은 어떤 경우일까? 비싼 것을 팔거나(경쟁업체보다 비싼 경우), 팔려는 것이 독특하거나 특별하지 않을 경우나, 구매하는 쪽이 다소 '복잡한' 경우(여러 이해당사자들이 당신의 제안을 거절하거나 승낙할 수 있는 경우)이다. 이때는 영업을 해야 한다. 이야기만으로는 부족하다. 고객에게 차별화되고 높은 가격을 정당화할 수 있는 설루션을 제안하기 전에 고객이 속한 조직의 복잡성을 이해해야 한다.

영업은 쉬운 일이 아니다. 요약하면 다음과 같다.

- 고수는 먼저 묻고 경청하는 반면, 하수는 자기 이야기만 한다.
- 고수는 질로, 하수는 양으로 승부한다.
- 고수는 문제를 해결해 주고, 하수는 물건을 뿌리고 나서 팔리기를 바란다.

하수 영업인들이 하는 일이란 전화 앞에 앉아 단순히 주문을 받는 것이다. 그건 누구나 할 수 있다. 전화로 주문을 받는 것은 영업이 아니다. 계산대에 앉아 고객에게 미소를 짓는 것도 영업이 아니다. 제품을 보여주며 가격 흥정을 하는 것도 영업이 아니다. 기업을 방문해서 자신을 영업 관리 총책임자라고 소개하고, 커피를 마시며 새로운 설루션에 대해 이야기하는 것 또한 영업이 아니다.

전화를 받을 때 좀 더 심층적으로 응대하거나, 계산대에서 나와 고객에게 관심을 보이는 것도 좋지만, 자신의 제품이나 서비스를 보여주기 전에 질문부터 하고, 기업을 방문해서 자신을 영업 관리 총책임자라고 소개하고, 커피를 마시며 그 기업의 사정과 이슈들을 이해하는 것이 바로 '영업'이다.

고수의 질문은
고객에게 인사이트를 준다

영업인으로 성공하려면 어려운 질문을 던지는 방법을 배워야 한다. 여기에 연습되지 않으면 꺼내기 어려운 질문들이 있다.

- 고객의 의사결정 과정에 대한 것
- 고객이 불편하게 생각할 수도 있는 중요하고 민감한 문제의 정보와 관련한 것
- 고객이 당신과 당신 회사를 어떻게 생각하는지에 관한 것(최근 몇 달 동안 고객서비스가 나빴던 경우 등)
- 큰 거래의 성사를 위해 어느 정도 힘써줄 수 있는지 물어보는 것 등

쉽지 않은 질문과 관련해서 한 가지 제안을 하자면, 타고난 호기심을 이용해 원하는 정보를 캐내는 것이다. 취조하듯 묻는 건 피해야 한다.

"당신이 의사 결정권자인가요?"와 같은 취조성 질문은 보통 '닫힌' 질

문으로 "예", "아니오" 또는 단답형의 대답을 이끌어낸다. 이런 질문은 사람들이 싫어할 뿐 아니라 위험하다. 좋은 대화로 이어지지 않는다. 억지스럽고 어색한 대화가 오가다 압박감을 느낀 고객이 대답을 거절하고 가버릴 수도 있다.

이와는 대조적으로 "고객님 회사에선 결정이 어떻게 이루어집니까?"와 같은 호기심에 기반한 '열린' 질문을 던지면 고객이 한 단어 이상의 대답을 하게 되어 더 가치 있는 정보를 얻게 된다. 고객을 불편하게 만들지 않으면서 고객의 상황에 대해 열린 대화를 나누게 된다. 예를 들어 비교해보자.

취조성 질문

"복사기 고장으로 서비스를 자주 받으시는 것 같은데, 직원들이 귀찮아하겠네요?"

호기심 기반 질문

"복사기 서비스가 어떤가요?"

"직원들은 어떻게 생각하나요?"

"최근에 서비스를 받으셨을 때 어땠나요?"

호기심에 기반한 질문을 던지면 고객의 사업이 어떤지 진정한 면모를 알 수 있다. 질문에 대한 답변을 통해 고객의 사업이 어떻게 돌아가는지, 방해 요인은 무엇인지, 당신이 무엇을 도와줄 수 있는지 알게 된다.

이 과정에서 영업인과 고객 사이에 유대감이 형성되기도 한다. 고객은 자기 일에 대해 이야기하고 싶어 하고, 호기심 많은 영업인은 그의 이야기를 듣고 이해하기를 좋아하기 때문에 둘이 잘 맞아떨어지는 것이다.

그러면서 영업인은 고객의 사업 구조, 경영 절차, 수익과 손실, 경쟁 전략, 마케팅 접근법 등에 대해서도 알게 된다. 업계에서 일하는 사람들이 누구인지, 누가 잘하고 있는지 못하고 있는지, 누가 누구의 고객인지는 물론 인수합병, 주식 가격의 추이 등등 고객의 고급정보 상황까지도 파악하게 된다.

이 모든 정보가 고객의 사무실에서 영업인을 기다리고 있다. 훌륭한 질문 기법을 이용해 모든 정보를 알아낼 수 있다. 영업은 월급을 받아가며 사업에 대해 배움으로써 세상 물정을 알 수 있는 최고의 MBA다. 타고난 호기심은 닫힌 질문으로는 절대 불가능한 것을 가능케 한다. 생각지도 못한 기회를 제공한다. 고객에게 생각할 기회를 줌으로써 영업인 스스로는 생각지 못했던 것을 고객이 생각해낼 가능성이 커지는 것이다. 그리고 그것이 기대하지 못했던 큰 영업 실적으로 이어질 수 있다. 호기심에 기반 한 열린 질문으로 고객을 이해하기 위해 노력하자.

고수는 필요한 정보를
고객으로부터 얻는다

영업인들이 영업활동 시 던지는 질문들이 있다.

- 제안서의 길이는 어느 정도여야 하나?
- 고객이 정말 구매하고자 하는지 어떻게 알 수 있나?
- 고객이 관계를 중시하는 사람인지 어떻게 알 수 있나?
- 고객이 우리와 거래할지 어떻게 알 수 있나?
- 고객이 우리 경쟁사와의 거래에도 관심을 두는지 어떻게 알 수 있나?

필자 역시 영업활동 초기에 이런 것들이 궁금했다. 그 시절에 필자는 영업의 대부분이 추측 게임이라고 생각했다. 고객이 무슨 생각을 하는지 추측하는 데 많은 시간을 쓰면서 내 추측이 맞기를 간절히 바랐다. 주로 이런 생각이 나 말을 많이 했다.

"K가 최종 결정권자인 줄 알았는데, K의 상사가 있었네."

"다른 사무실에서 그 시스템을 쓰기 때문에 고객이 우리 경쟁사 제품을 산 거군. 그런데 그걸 도대체 어떻게 알 수 있지?

"우리 제안서가 맘에 안 든 거야. 너무 길고 복잡해서."

만약 필자가 혼자서 추측하지 않고 고객에게 직접 물어보았다면 결정적 정보를 알아내서 일을 성사시킬 수 있었을 것이다. 예를 들면 이렇게 질문했어야 했다.

"K, 이 건에 대해 최종 결정을 내리는 사람이 누군가요?"

"선호하는 특정 거래처가 있습니까?"

"우리 제안서에 어떤 내용이 들어가면 좋을까요?"

물론 이런 질문들은 가벼운 대화에서 자연스럽게 나오지 않는다. 묻기 쉽지 않은 질문이기도 하다. 이런 질문이 어려운 이유는 내용이 직접적인 데다 우리가 원하는 답변을 듣지 못할 수도 있기 때문이다. 하지만 이런 질문에 대한 답을 알아야 한다는 점은 달라지지 않는 사실이다. 추측하려는 충동이나 상사 혹은 동료에게 조언을 구하려는 생각을 버리고 고객에게 직접 물어서 원하는 것을 얻어야 한다. 영업인인 당신이 원하는 고객 정보가 있다면 곧바로 고객에게 물어보자.

하수는 추측하고,
고수는 물어본다

추측은 영업인의 아킬레스건이다. 잠재 고객account을 마치 계약을 따놓은 당상인 양 이야기한다. 고객의 사업, 니즈, 의사결정 과정, 그의 조직에 대한 지식을 자랑스레 늘어놓는다. 하지만 영업인들이 단지 관찰이나 직관에 의해서 추론하거나 단정을 내려버리는 경우가 얼마나 많은가. 필자도 그랬다. 필자는 최종 판매 계약이 성사될 것이라고 확신했었다. 구체적 사실에 근거한 확신은 아니었다. 짧은 시간에 수집한 조각 정보를 바탕으로 성사될 것 같은 느낌을 갖게 되었던 것이다. 그런데 실제로 일이 진행되어야 할 시점이 되자 필자의 느낌을 정당화할 어떤 구체적 사실도 찾을 수 없었다. 결과는 당신이 상상한 대로다. 성사되지 않았다. 흔히 하기 쉬운 추측으로 영업 단계를 정체시킨 경우다.

고객이 제안서를 볼 준비가 됐다고 추측했지만…,

➡ 사실 고객은 기술사항이 궁금했을 뿐임

고객이 견본을 필요로 한다고 추측했지만…,

➡ 사실은 견본 없이도 계약할 수 있었음

자세한 제안서를 제출해야 한다고 추측했지만…,

➡ 사실 결정권자는 너무 자세한 것을 싫어함

비서는 사장에게 접근하는 데 약간 방해가 되는 인물 정도일거라고 추측 했지만…,

➡ 사실 사장은 비서의 동의 없이는 아무것도 안 함

우리 아니면 경쟁업체를 택할 것이라고 추측했지만…,

➡ 사실은 제3의 저가 공급자가 있었음

분기 말에 결정을 내릴 것이라고 추측했지만…,

➡ 고객은 아직 예산이 없음

가격만 괜찮다면 우리를 택할 것이라고 추측했지만…,

➡ 고객은 거래를 원하는 다른 경쟁업체에 가격을 더 내리도록 압력을 행사 하기 위해 우리 제안서를 이용하려 함

결정권자가 그 사람이라고 추측했지만⋯,

➡ 사실 그는 우리 회사나 제안서에 대해 전혀 모르는 다른 사람에게 일을
넘겨주려 함

성사되었다고 추측했지만⋯,

➡ 영업 건은 이미 2주 전에 물 건너감

근거 없는 추측 탓에 정말 많은 거래가 성사되지 못했던 사례들이다.

오늘날에는 변화의 속도 때문에 추측이 과거보다 훨씬 더 위험해졌
다. 사실을 제대로 알고 있고 철저한 조사와 연구를 통해 실제 상황을
정확히 파악했다고 하더라도 늘 조심해야 한다. 세상은 빠르게 돌아가
므로 잠시 한눈파는 사이 영업 상황이 한순간에 바뀔 수 있다. 해결책은
간단하다. 사실관계를 제대로 알고 있다는 생각이 들 때 이런 질문을 스
스로에게 던져보라.

"이게 사실이란 걸 내가 정말 알고 있는 걸까? 추측하고 있는 건
아닐까?"

그리고 조금이라도 자신이 없다면 고객에게 물어보자.

chapter 2

영업인의
역할
인식하기

만일 당신의 현재 상태를 변화시키겠다고 한다면, 가장 먼저 해야 할 일은 자신이 현재 어떤 상태
에 있는지를 아는 것이다. ─조셉 오코너(Joseph O'Conor : 전문 트레이너 코치)

최고의 영업기법은
전문가라는 이미지를 보여주는 것

최고의 전문가가 되려면 고객이 최상의 상품과 서비스를 선택할 수 있도록 도와주기 위해 많은 전문 지식과 예리한 통찰력 그리고 완벽한 상담스킬을 갖춰야 한다. 그렇게 되면 당신은 고객과 아주 새롭고도 밀접한 관계를 가질 수 있다. 이렇게 되려면 다음과 같은 요건을 필요로 한다.

확고한 배경지식을 쌓는다

고객에게 필요한 유용한 정보를 갖춰야 한다. 그러기 위해서는 무엇보다도 해당 분야에 대한 지식으로 무장해야 한다. 최근 들어 경쟁이 날로 치열해지면서 업종에 따라 차이는 있지만 2~3년 사이에 상품의 절반 이상이 신상품으로 대체되고 있는 실정이다. 이와 같이 급변하는 환경 속에서 당신의 해박한 지식과 전문성은 고객의 신뢰를 이끌어 내는 탁월한 무기가 된다. 당신의 주위에는 많은 경쟁자들이 존재한다. 이들과 매일 치열한 경쟁을 벌이는 상황에서 승리하려면 상대를 알고 자신을 알고 고객을 아는 것이 필수다.

고객의 니스와 목표를 파악한다

고객의 입장에서 니즈와 목표를 확인하는 상담 기법이야말로 전문성의 핵심이라고 할 수 있다. 만약 당신이 고객들과 끈끈한 유대관계를 가지고 있어서 고객의 이슈를 찾아내고 니즈를 만들어 낸다면, 당신은 고객과 당신의 회사를 성공으로 이끌 것이다. 어떤 사람들은 만들어내고, 어떤 사람들은 만들어지는 것을 바라보고, 어떤 사람들은 무슨 일이 일어나고 있는지를 궁금해한다. 니즈가 당신을 찾기 전에 당신이 먼저 니즈를 찾아보자.

설루션을 개발한다

고객의 니즈를 파악해서 가장 훌륭한 설루션을 제시할 수 있다는 것을 보여주는 것보다 더 나은 영업 기법은 없다. 높은 성과를 올리는 영업인들은 자신의 설루션이 고객의 니즈에 맞는지 확인하는 질문을 한다. 영업은 고객이 무엇을 원하는지를 잘 듣고 고객이 필요한 것이 무엇인지를 정확히 알려주는 과정이다.

전문성을 보강한다

전문가 역할을 효과적으로 수행하려면 고객과 고객의 관심사에 대해 많은 지식을 가지고 있어야 한다. 지금처럼 급변하는 비즈니스 상황에서 쌓아야 할 지식은 너무나도 많다. 당신이 끊임없이 지식을 넓혀야 하는 이유가 바로 여기에 있다. 이를 위해 당신은 고객을 연구하고, 책이나 비즈니스 잡지 등을 읽으며 시장 트렌드에 대해 고객과 동료에게 의견을 구해야 한다.

전문성에 대한 신뢰를 쌓는다

전문가로 비치기 위해서는 고객의 눈에 전문가로 보여야 한다. 이를 위해 당신은 회사나 조직과 별개로 자신의 명성을 쌓는 것도 필요하다. 아울러 당신이 판매하는 상품이나 서비스에 대한 전문성을 높이고 고객이 성공하도록 돕는 데에도 정통해야 한다.

고객의 성공을
지속적으로 돕는 것이 핵심

오늘날과 같이 치열한 경쟁 사회에서는 단순히 상품이나 서비스의 장점을 들이대거나 요란하게 프레젠테이션을 하는 것만으로는 살아남기 어렵다. 고객의 성공을 위해 지속적으로 고객과 협력하는 것도 하나의 방법이다.

파트너 역할의 핵심은 영업의 대인관계 측면, 즉 고객과 목적을 공유하고 있다는 생각을 전달하는 것에 있다. 높은 성과를 올리는 영업인은 30초짜리 전화 한 통이든 장기간에 걸친 관계든 고객과 인간적인 신뢰 관계를 만들고 그 기회를 어떻게 찾는지 잘 알고 있다.

다음은 고객과 장기적인 파트너 관계를 만드는 방법이다.

튼튼한 고객 관계를 만든다

그들은 고객이 지닌 문제를 해결하기 위해 대소사를 돕는다. 이를 위해 당신이 무엇을 할 수 있는지를 생각해 보자.

정기적으로 열린 의사소통을 한다

높은 성과를 올리는 영업인들은 고객과 정기적으로 열린 의사소통을 한다. 정기적으로 고객과 열린 의사소통을 한다는 것은 당신이 늘 고객을 염두에 두고 있음을 알릴 수 있는 좋은 방법이다.

고객의 지지자가 된다

당신은 늘 고객이 성공하도록 도와야 한다. 고객이 어떤 일과 판단을 하든 믿음을 가지고 곁에서 지지를 해야 한다. '어려울 때 친구가 진정한 친구'라는 말처럼, 언제나 곁에서 지지를 해주는 것이야말로 오랜 관계를 유지하는 비결이다.

관계의 갭을 없앤다

일반적으로 거래 관계에서 고객에 대한 영업인의 관심 수준은 계약 직전에 가장 높고 계약이 끝나는 순간부터 낮아진다. 그러나 고객의 관심 수준은 이와 달리 영업의 후반부에 가서야 절정에 다다른다. 고객과 장기적으로 협력관계를 가지려면 이런 관계의 갭gap을 없애야 한다. 당신이 장기간에 걸쳐 헌신하고 있다는 것을 보여주고 영업의 모든 단계에서 끊임없이 서비스와 지원을 보내고 있다는 것을 확인시키는 것이 중요하다.

당신의 코디네이터 능력이
고객에겐 필요해!

여기서 말하는 코디네이터란 고객의 니즈를 효과적으로 충족하기 위해 당신이 가진 모든 자원을 동원하는 것을 말한다. 여기에는 생산, 유통, 서비스 문제를 해결하기 위해 동료에게 도움을 청하거나 영업팀을 대표해 고객과 교류를 하는 일 등이 포함된다. 여기서 가장 중요한 것은 영업 과정뿐 아니라 그 이전과 이후에도 고객을 지원하는 데에 필요한 모든 정보, 자원, 서비스를 조정할 수 있는 당신의 능력이다.

성과가 높은 영업인들은 모든 섹션이 동시에 작동하도록 한다는 점에서 오케스트라의 지휘자와도 같다. 오케스트라에서는 타악기, 목관악기, 현악기, 금관 악기끼리만 연주하는 법이 없다. 영업도 마찬가지다. 모든 구성 요소가 동시에 작동해야 한다.

전략적 코디네이터가 되기 위한 방법은 다음과 같다.

자원을 모으고 조정하여 거래를 성사시킨다

성과가 높은 영업인들은 영업과 관련된 모든 이해관계자들을 조정하는 법을 잘 알고 있다. 여기에는 제품과 서비스, 유통 등을 조절하는 것은 물론 모든 과정이 어떻게 진행되고 있는지 고객에게 알리는 것도 포함된다. 고객은 자원과 서비스 등을 효과적으로 동원하여 자신의 이슈를 해결해 주는 영업인에게 모든 것을 맡기기 때문이다.

영업 과정을 관리한다

성과가 높은 영업인들은 시간을 낭비하지 않는다. 그들은 고객의 구매 과정에 자신들의 영업 과정을 맞춘다.

고객 DB를 만든다

고객 DB란 단순히 연락처를 넘어 필요할 때마다 상세 정보를 검색할 수 있는 것이어야 한다. 많으면 많을수록 좋겠지만 기본적으로 인적 사항이나 관심사 등 고객의 니즈와 관계를 지속시키기 위한 내용은 반드시 DB에 포함해야만 한다.

지속적으로 신뢰를 보인다

"당신은 누구를 신뢰하는가?", "그 사람을 왜 신뢰하는가?", "무엇이 그 사람을 신뢰하게 만드는가?"라고 질문하면 일반적으로 좋은 사람, 진실한 사람, 도덕성이나 성실한 사람 등 성품에 대한 면을 주로 이야기한다. 그러나 성품이 신뢰에 필수적인 것은 분명하지만 성품이 신뢰의 전부는 아니다.

　신뢰는 성품과 역량이라는 2가지 요소를 기초로 한다. 성품에는 성실성, 동기, 의도 등이 포함되고 역량에는 능력, 기술, 성과, 실적 등이 포함된다. 진실하고 정직하더라도 역량이 없다면 그 사람을 완전히 신뢰하기란 결코 쉽지 않다. 그 반대의 경우도 마찬가지다. 능력과 기술이 아무리 뛰어나고 실적이 탁월하더라도 성실하지 않으면 신뢰할 수 없다. 영업에서는 비즈니스 역량이 없으면 거래를 하기가 어렵다. 영업에서 신뢰는 성품과 역량을 모두 포함한 개념이다.

나는 사냥꾼일까?
농부일까?

영업 성과를 단기적인 노력의 산물로 여기는 경향이 있다. 그러다 보니 영업을 로또 복권으로 여기는 영업인들도 상당수 있다. 물론 성과는 단기간에 이루어질 때도 있지만 B2B 영업의 경우 오랜 시간 공을 들여 이루어지는 경우도 많다.

목표를 달성하는 데에 영향을 미치는 두 가지 중요한 요소는 '무슨 일을 하는가?'와 '그 일에 얼마나 시간을 보내고 있는가?'이다. 목표 결과를 얻지 못하는 이유는 영업인 자신의 활동과 그 활동에 보내는 시간이 목표에 기여하지 못하기 때문이다.

많은 사람들이 영업인을 흔히 '사냥꾼'이나 '농부'에 비유하곤 한다. 사냥꾼은 오로지 판매를 목적으로 영업을 하는 사람들을 말한다. 이들은 신규 고객을 발굴하는 데에 많은 시간을 투자하고 그것을 즐긴다. 반면에 농부는 관계 구축에 시간을 투자하고 그것을 즐긴다. 이들은 씨앗을 뿌린 후 지속적으로 관리하며 결실을 얻는 데에 일정 시간이 걸린다는 것을 잘 알고 있다.

지혜로운 농부와 같이 되려면 다음과 같은 전략이 필요하다.

- 고객에게 가치가 있다고 판단되는 정보를 제공한다.
- 고객에게 유익할 만한 사람을 소개한다.
- 고객이 구매했던 제품이나 서비스가 잘 사용하는지를 확인한다.
- 현재 상황이 어떤지, 우선 사항은 무엇인지 파악하기 위해 비공식적인
  만남을 갖는다.

그리고 이런 역할을 숙달하려면 다음과 같은 역량이 필요하다.

관계의 깊이와 가치를 진전시킬 방법을 찾는다

관계를 진전시키려면 구체적인 목표를 정하는 것이 중요하다. 이런 목표에 대해 어떤 상황을 설정하고, 관계의 깊이에 따른 의미를 부여하는 것이 좋다. 일반적으로 아래와 같은 단계별 고객의 정의를 활용하면 고객과의 관계를 진전시키는 데에 도움이 될 것이다.

잠재 고객 아직 당신에게서 구매를 하지는 않았지만 고객의 조건을 잠재적으로 갖춘 사람.

고객 당신에게서 한 번 구매했던 사람. 당신에게 충성도가 있을 수도 있고, 없을 수도 있다.

핵심 고객 당신에게서 한 번 이상 구매했던 사람. 당신이 제공하는 가

치를 이해하고 있는 사람.

지지자 당신에게 추천인 역할을 하는 사람. 영향력 있는 일부의 의사 결정자와 관계를 맺고 있는 사람.

옹호자 당신과 친밀한 관계를 맺고 있는 사람. 모든 의사결정자와 영향력 있는 사람을 알고 있는 사람으로 당신과 영업 전략, 상품, 서비스에 대해 공유할 수 있는 사람.

이를 통해 잠재 고객에서 옹호자로 전환되면 관계의 질과 깊이가 향상된 것이라고 할 수 있다. 그러면 경쟁자의 접근이 훨씬 어려워진다.

당신의 시간과 영역을 관리한다

스케줄 관리는 매우 중요하다. 성과가 뛰어난 영업인들은 효과적으로 시간과 영역을 관리한다. 이들은 성사시키기 쉬운 거래를 집중해서 먼저 끝낸 다음 그보다 더 어려운 거래에 대한 전략을 짠다.

현재 맡고 있는 거래를 유지하고 확장한다

성과가 뛰어난 영업인들은 자신의 노력을 어디에 집중해야 하는지를 잘 알고 있다. 이득이 가장 큰 거래에 초점을 맞춰야 한다는 것은 분명하다. 그럼에도 불구하고 문제가 많거나 이득이 없는 거래에 매달려 시간을 낭비하는 영업인들이 많다. 까다로운 고객에게 시간과 노력을 쏟아붓느라 정작 다른 고객들을 잊어버리는 것이다. 그 고객들은 군이 챙기지 않아도 아무 일도 없을 거라고 생각해 버리는 것이다. 하지만 그것 때문에 정말 중요한 고객들을 놓칠 수도 있다. 그리고 그 사이에 경쟁자가 당신의 고객을 가로채 갈 수도 있다. 탁월한 영업인들은 기존의 거래에서 더 큰 거래를 끌어낸다. 이들은 주된 거래에 더 집중한다

I'm your best partner!

급히 도움이 필요하거나 조언이 필요할 때 당신의 머릿속에 누가 가장 먼저 떠오르는가? 그 사람은 당신에게 가장 중요한 사람이거나 가장 큰 도움을 줄 사람일 확률이 높다. 이것이야말로 인간의 본성이다.

당신은 고객의 사무실을 방문할 때 환영받는 사람인가? 중요한 의사결정을 할 때 고객은 당신의 의견을 가치 있게 생각하는가? 만약 그런 사람이라면 당신은 고객에게 확신과 신뢰를 심어주고 있는 것이다. 그렇다면 지속적으로 고객에게 신뢰받는 파트너가 되기 위해서 당신이 해야 할 행동에는 다음과 같은 행동이 뒤따라야 한다.

고객의 평판을 관리한다

고객들이 당신에 대해 고집이 세고 불쾌하며 귀찮다고 말하는가, 아니면 준비와 지식이 부족하고, 우유부단하고, 명확하지 않다고 말하는가? 혹은 두서없고 따분하고 말만 많다고 하지는 않는가? 만약 그렇다면 당신은 누구를 방문해도 호감을 얻기 어렵다. 운이 좋아 몇 번은 방문할 수도 있겠지만 그날이 마지막 날이 되기 쉽다.

무엇보다도 당신은 고객들에게 그들을 단지 구매자가 아니라 한 사람의 인격체로서 소중하게 여기고 있다는 확신을 심어주어야 한다. 그런 확신은 당신의 모든 말과 행동을 통해 고객에게 전달된다. 당신은 고객을 설득하기 위해서가 아니라 그들의 성공을 돕기 위해 존재하는 코치이다. 고객들은 저마다 고민거리를 가지고 있다. 당신은 파트너로서 그것이 무엇인지를 파악하고 해결할 수 있도록 자신의 전문성을 활용해 도와줘야 한다.

스스로 동기부여를 한다

성과가 뛰어난 영업인들은 자신의 일을 사랑하고, 그 사랑을 표현하는 데 주저하지 않는다. 이런 태도는 다른 사람들을 전염시킨다. 고객들은 당신이 자신의 일에 만족하며 자신감을 가지고 있다는 것을 금세 안다. 열정은 아무리 감추려 해도 숨겨지지 않기 때문이다. 그래서 성과가 뛰어난 영업인들은 경력에 상관없이 성취 가능한 목표를 정해 놓고 끝없이 자기 자신에게 동기를 부여한다.

한 번 뱉은 말은 반드시 지킨다

자신의 긍정적인 태도를 고객들에게 드러내는 대표적인 방법은 약속을 지키는 것이다. 하겠다고 한 것은 반드시 지켜야 한다. 해줘야 하는 것보다 더 많이 해주면 고객들과 오랫동안 돈독한 관계를 유지할 수 있다. 이때 가장 중요한 것은 고객이 당신에게 의지해도 된다는 것을 알리고 절대 실망시키지 않는 것이다.

고객의 주목을 끌고 유지한다

낙관론이 도움이 되는 것은 분명하지만 끈기가 없다면 낙관론만으로는 목적을 달성할 수 없다. 사실 끈기야말로 성과가 뛰어난 영업인들이 가장 많이 언급하는 자질 중 하나이다. 성과가 뛰어난 영업인들은 1%의 가능성만 있어도 시도를 주저하지 않는다. 끈기 있는 것과 성가시게 하는 것은 종이 한 장의 차이다. 너무 지나치지는 않은지, 충분한 관심을 주어도 좋은지를 고객에게 물어보자. 고객이 피하고 싶어도 그런 마음을 언제나 표현하는 것은 아니기 때문이다.

거래의 성사 여부를 넘어 고객을 관리한다

뛰어난 영업인들은 스스로를 고객과 공급자 사이의 관계를 책임지는 경영자라고 생각해 둘 사이의 주된 창구가 되기를 자처한다. 그들은 거래를 성사시키는 데에만 집중하는 것뿐만 아니라 그 관계의 모든 측면에 책임을 지고 있다고 생각한다. 관계된 모든 사람과 신뢰관계를 유지하려고 노력하고, 고객의 관점을 온전히 자신의 것으로 내면화하는 능력을 가지고 있다.

고객의 눈에 자주 띄인다

고객과 자주 접촉하면 관계를 더욱 확고하게 굳힐 수 있다. 원수도 자주 만나면 정이 든다고 하지 않던가. 당신이 구매, 재주문, 계약 이행 후에 전화를 걸어 진행 상황을 확인하거나, 한 달에 한 번이나 두 달에 한 번 정도 현재의 이슈나 문제를 검토해야 하는 이유가 여기에 있다. 먼 친척보다는 가까운 이웃이 나은 법이다.

PART

2

성과를 이끄는
핵심 전략

chapter 3

장기적인 파트너십 구축하기

비즈니스에는 너무나 많은 방해 요소들이 있다. 나 자신이 누구인지에 대해 늘 초점을 두어야 한다. 또한, 고객들의 목표를 달성하도록 도와주기 위해 내가 무엇을 해야 하는지에 초점을 두어야 한다. ―스티븐 블라 원트(J. Steven Blount : 보험영업인)

충실한 고객을 만들기 위해 반드시 필요한 것은 끈기와 현명한Smart 영업 접근법이다. 고객과 파트너십을 쌓는 과정에서 대인관계의 기술은 매우 중요하다. 실제로 훌륭한 관계를 맺고 있는 고객과 공급업체 사이에는 다음과 같은 특징이 있다.

— 서로의 목표가 무엇인지 잘 알고 서로 어떻게 협력해야 할지 알고 있다.
— 자주 그리고 솔직하게 소통하며 문제와 맞닥뜨리는 것을 주저하지 않는다. 오래 지속되는 파트너십에는 격식이 없는 관계와 원활한 의사소통이 있다. 생각한 것을 서로 털어놓을 수 있는 관계이다.
— 함께 일하는 것을 즐기고 서로의 성공을 위해 노력한다.

정직성, 상호 존중, 공통의 목표를 이루고자 하는 욕구를 바탕으로 동등한 관계를 맺고 고객을 진정한 파트너로 대우한다. 초청을 받으면 고객의 의사 결정 과정에 참여하고, 고객과 같이 일하고, 고객의 문제에 가장 적절한 설루션을 찾은 다음 어떤 설루션을 제시할 것인지 확인한다. 현재 거래 중이라면 고객을 유지하는 것이 새로운 고객을 찾는 것보다 이익이라는 사실을 잘 알 것이다. 하지만 여기서 핵심 단어는 '이익이 될 수 있다'는 것이다.

모든 고객과 믿을 만한 비즈니스 조언자 관계를 만들기 위해 노력하는 것이 반드시 좋은 것은 아니다. 모든 고객과 파트너가 된다는 것은 가능하지도 않고 바람직하지도 않다. 아무런 보상도 없는 관계를 유지하고 싶어 하는 사람은 아무도 없으며, 어떤 장기 고객은 시간을 너무 많이 잡아먹거나 많은 것을 양보해야 한다. 이런 비즈니스는 당신이 투자한 만큼의 수확을 얻을 수 없다. 그러므로 이익이 될 수 있는 고객 관계를 확인하고, 고객을 분류하여 시간과 자원을 투자하여 가장 크게 수확할 수 있는 전략을 개발하는 것이 필요하다.

최고 영업인은 파트너십이 자신의 회사의 비즈니스 계획과 맞지 않을 경우 그 고객을 포기하는 능력이 있다. "안 됩니다"라고 말하는 방법을 알고 있으며 사람들을 잃지 않고 관계를 유지할 수 있는 방법을 알고 있다.

고객 분류를 영업 전략에 포함한다. '어느 고객이 가장 큰 이익을 줄 수 있을까?', '어느 고객이 가장 큰 잠재력을 가지고 있을까?', '어느 고객이 우리의 수익과 이익을 올려줄까?'를 질문해보라. 고객이 파트너가 될 만한 가치가 있다면 제품이나 서비스를 고객사의 비즈니스 목표에 연계할 수 있도록 모든 수단을 강구한다.

고객의 영업 전략, 기업 문화, 비즈니스 프로세스에 대한 깊은 지식을 갖추면 그 고객의 장기적 계획에 들어맞는 혁신적이고 커스터마이즈Customize 된 설루션을 개발하는 데 도움이 된다.

무엇보다도 최고의 영업인들이 들려주는 다음과 같은 경고에 귀를 기울여야 한다. 절대 현실에 안주하지 말고, 고객의 만족과 고객의 충성심을 혼동하지 마라. 고객이 만족한다고 해서 그 고객이 당신과 계속 비즈니스를 할 것이라는 보장은 없다. 특히 경쟁업체가 괜찮은 인센티브를 제공한다면 더더욱 그렇다.

영향력의 사다리
맨 위에 올라가기

"최근 우리 회사는 정리해고의 칼바람이 한바탕 불었습니다. 덕분에 저는 기존 업무 외에 세 가지 역할을 더 떠맡게 되었지요. 그래서 영업 담당자들을 대할 시간도 줄어들었습니다. 이전에는 그들과 잡담도 나누고 점심도 먹고 미팅도 길게 가졌지만 지금은 그렇게 하기가 힘듭니다. 제가 수행해야 할 업무가 너무 많은데 몇몇 영업담당자들은 지나치게 수동적이라 같이 일하기가 너무 힘듭니다. 그들이 저한테 먼저 가치를 제시해서 좀 편하게 해주든가 아니면 그냥 가버렸으면 좋겠어요!"

영업인은 더 이상 무언가를 제안하고 주문을 받기만 하는 사람이 아니다. 이제는 고객과 우호적인 관계를 만들고 비즈니스 파트너십 관계를 창출할 줄도 알아야 한다. 더 이상 골프를 같이 치고 친분을 유지하는

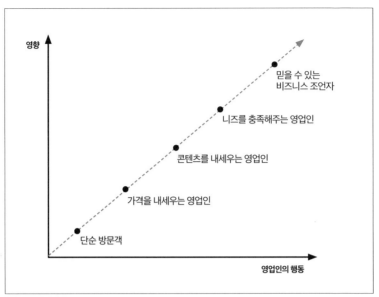

<그림 1> 영업 영향력의 사다리

것만으로는 고객의 충성심을 보장받을 수 없게 되었다.

이제 영업인들은 고객과 비즈니스 수행 시 주도적으로 파트너십 관계를 유지할 수 있어야 한다. 고객에게 유익한 파트너로 남고 싶다면 고객의 즉각적이고 장기적인 목표, 문제, 니즈에 대해 당신이 지식을 가지고 있음을 보여주어야 한다. 그리고 고객이 비즈니스를 수행하는 문화와 방식에 대해서도 세심하게 배려해야 한다.

오늘날 영업인들은 그 어느 때보다 많은 비즈니스를 수행해야 하고, 업계 지식도 많이 알아야 한다. 그뿐만 아니라 자신이 알고 있는 것을 명확히 표현하고, 그것을 고객의 상황에 맞출 줄도 알아야 한다.

<그림 1>은 영업인이 행동이 고객 관계에 어떤 영향력을 미치는지를

시각적으로 나타낸 것이다. 사다리에는 다섯 단계가 있으며 순서대로 보면 단순 방문객, 가격을 내세우는 영업인, 콘텐츠를 내세우는 영업인, 니즈를 충족시켜 주는 영업인, 믿을 수 있는 비즈니스 조언자가 있다.

단순 거래 수준의 영업

가장 낮은 영업 수준은 상품과 서비스를 돈과 교환하는 것, 즉 거래를 하는 것이다. 여기에는 세 가지 카테고리가 있으며 영업 영향력 사다리 의 가장 낮은 부분에 해당한다.

단순 방문 영업인 이런 유형의 영업인은 개인적 성향과 공통된 관심사 에 따라 영업을 하며 고객의 개인적 니즈를 자주 충족해 주지만 장기 적이고 전략적 비즈니스 파트너십을 형성하는 데는 실패한다. 이들 은 고객의 문을 여는 데 친분과 혜택을 주로 이용한다. 고객은 자신이 좋아하는 사람에게서 물건을 사는 경향이 있는 것은 사실이지만 '단 순 방문객' 유형은 큰 가치가 있는 자원으로 보이지는 않으므로 거래 의 잠재력을 최대로 활용할 수가 없다.

가격을 내세우는 영업인 이 유형의 행동은 가격, 비용, 계약, 견적 위주 로 돌아간다. 자신이 협상해야 하는 상황에 대해 더 많은 지식과 기술 을 갖추고 있으므로 단순 방문객보다는 영업 영향력이 높다. 고객사 의 재정적 니즈는 충족할 수 있으나 제품이나 서비스의 가치를 파는 데는 어려움을 겪는다.

콘텐츠를 내세우는 영업인 이 유형은 제품의 지식에 집중한다. 전형적으로 자신의 제품에 대해 많은 지식을 갖추고 있고 고객에게 그것을 모두 설명하기 위해 최선을 다한다. 문제는 프레젠테이션을 할 때 '특징 퍼붓기', 즉 기술 정보만 줄줄 늘어놓고 고객의 이익에 대해서는 별 내용이 없는 경우가 많다는 것이다.

고객은 영업인을 대개 이 세 부류의 낮은 등급이라고 보는 경향이 있다. 이 세 등급 중 하나에 포함된다면 앞길은 험난하다. 설령 비즈니스를 성사하는 데 성공하더라도 경쟁업체에게 빼앗길 위험이 항상 존재할 것이다. 영업인이 거래 가능성 때문에 위와 같은 거래 수준에서만 영업을 하거나 고객이 그편을 선호하기 때문에 그런 영업을 해야 하는 경우도 물론 있을 것이다. 이런 경우에도 실제 고객과의 교류는 거래 수준에 머무르더라도 해당 거래에 대해 전략적으로 생각하여 기회를 더 잘 확인하고, 완수해야 한다.

전략적으로 팔아라

영업 영향력 사다리의 높은 수준 두 가지는 더 좋은 영업스킬을 가지고 있다는 증거이며 더 높은 고객 가치를 제공할 수 있다.

니즈를 충족해 주는 영업인 이 유형은 영업스킬을 활용하여 고객의 니즈를 찾아낸 다음 그에 대한 대응을 조정한다. 이 유형이 제시하는 설루션은 고객의 상황과 니즈에 직접적으로 연관된다. 특징을 언급하는 것은 같지만 고객에게 돌아가는 이익이나 가치를 더 강조한다. 고객의 니즈를 충족하기 위해서는 고객에 대한 디테일한 연구가 필요하다. 고객이 개인일 경우 고객의 생활환경, 가족관계, 관심사항, 취미생활이나 현재의 관심사 그리고 기업고객의 경우 업종 현황, 경영 현황, 고객이 거래하는 이유, 담당자의 성향 등을 연구하여야 한다. 이러한 연구를 통하여 개인이든 고객이든 그들이 정말 필요한 니즈를 발굴할 수 있다.

믿을 수 있는 비즈니스 조언자 이 수준의 유형은 영업에 가장 강한 영향력을 미친다. 이 수준에 있는 영업인은 고객이 비즈니스에서 성공하도록 돕는 데 초점을 둔다. 그 결과 고객과 진정한 비즈니스 동맹을 맺는 강력한 위치에 있다. 훌륭한 영업인은 고객사의 직원 대접을 받는다. 심지어 고객사의 공간에 사무실이나 자리를 갖고 있는 경우도 있다.

하지만 모든 거래에서 '믿을 수 있는 비즈니스 조언자'가 될 필요는 없다. 실제로 영업인은 동일한 거래 내에서도 상황에 따라 서로 다른 단계의 행동을 보여야 하는 경우가 있다.

사다리 꼭대기로 올라가라

영업인의 목표는 언제나 사다리 맨 위 단계로 올라가는 것이어야 한다. 그러기 위해서는 영업인의 역할을 더 잘 수행해야 한다. 믿을 수 있는 비즈니스 조언자가 되는 것은 결코 쉽지 않으며 하루아침에 되지도 않는다. 먼저 장기적으로 고객과 파트너가 되는 것부터 시작한다. 파트너십에서 요구되는 신뢰를 쌓는 것과 고객이 파트너 대부분에게서 요구하는 진실성, 신뢰도, 좋은 품질의 제품이나 서비스를 보여준다.

고객이 파트너로 삼고 싶은 전문가가 되려고 노력한다. 약속을 지키고 고객의 니즈에 집중하고, 일관되게 믿을 수 있다는 점을 보여주며 실수는 인정한다.

◉ 핵 / 심 / 전 / 략 !

해당 거래를 진행할 계획을 개발한다

계획은 해당 거래와 관련된 개인에 대한 프로필을 중심으로 하되, 발생 가능한 난제와 장애물을 극복하기 위한 계획도 있어야 한다. 개인에 대한 평가를 할 때는 그 사람의 행동에서 나타나는 개인적인 니즈와 조직상의 니즈를 모두 포함한다.

실무 담당자를 다루는 가장 좋은 접근법이 무엇인지 판단한다

새로운 구매파트의 실무 담당자Gate Keeper에게 접근하지 못한다면 비즈니스를 수행할 권리조차 얻지 못하게 된다. 최고 영업인은 접근을 막는 실무 담당자에게 다양한 전술을 사용한다. 그들이 쓰는 전술은 다음과 같다. 그들은 실무 담당자가 좋아하는 자료나 편지를 보내 개인적 니즈에 호소하고 영업 과정에 직접 끌어들인다. 또한 상급 경영자와 만나게 해주는 대신, 조건 없이 일정 기간 무료 사용을 제안하는 등 매력적인 제안을 한다. 그들은 영업인이 실무 담당자의 상급자에게 접근하도록 도울 수 있는 회사 조직 내의 다른 사람을 알아본다. 하지만 나중에 이것이 실무 담당자의 기분을 나쁘게 해서 문제가 일어나는 일이 없도록 조심해서 행동한다.

해당 거래의 전략에 대한 지식을 계속해서 검토한다

전략상의 변화를 항상 빨리 파악한 다음 '이 변화를 주도하는 것이 무엇인지를 더 잘 파악하려면 누구와 접촉해야 하는가?', '나의 회사 조직에서는 이러한 변화를 처리하기 위해 무엇을 제시할 수 있을까?', '이 전략 또는 핵심 접촉자를 뒷받침하기 위해 내가 할 수 있는 다른 일은 무엇일까?'라고 자문해야 한다.

최초 접촉자들과
지속적인 신뢰 관계가 핵심이다

"한 영업인이 전화해서는 웹 기반의 회의를 용이하게 해주는 서비스에 관심이 있냐고 묻더군요. 우리 부서는 당장 예산이 부족했지만, 저는 마케팅 부서에서 그런 서비스가 필요하다고 말한 사람을 알고 있었습니다. 그래서 연락할 수 있는 정보를 알려주었지요. 그 영업인은 그 후에 제가 알려준 마케팅 부서에 연락했습니다. 그러고는 소식을 전혀 듣지 못했는데, 나중에 알고 보니 마케팅 부서에서는 다른 영업인과 계약을 맺었다더군요. 그 후에 그 영업인이 저에게 다시 전화를 해왔습니다. 그는 우리 부서에 예산이 남아서 계약을 할 수 있는지를 묻는 것도 아니었고, 저한테 비즈니스를 논할 시간이 있는지를 묻는 것도 아니었습니다. 왜 마케팅 부서에서 자기한테 전화하기로 해놓고 전화를 하지 않는지를 묻더군요. 제가 무슨 자기 비서나 되는 듯이 말입니다."

영업인은 거래를 진행할 때마다 현재 위치를 점검하고, 현재 쌓은 관계가 어떤 종류인지 어떻게 해야 고객사와 좀 더 돈독한 관계를 유지할 수 있는지를 알아야 한다. 훌륭한 영업인은 고객 관계를 관리하여 영업 기회뿐 아니라 고객 충성도를 높이고 다양한 고객으로부터 파생되는 기회를 찾아 대응한다.

이보다 더 중요한 것은 영업인이 관계를 넓혀나가면 해당 거래에서 발생할 수 있는 어려운 문제를 사전에 파악할 수 있을 뿐만 아니라 새로운 영업 기회를 다방면에서 파악할 수 있다는 점이다. 그러면 믿을 수 있는 비즈니스 조언자가 될 가능성이 높아진다. 고객사 조직은 개인의 집합체다. 따라서 그 회사 조직과 장기적 관계를 쌓으려면 다양한 개인과 관계를 맺고 유지하며 확장해야 한다.

고객과 친해져라

구매 과정에서 다양한 구매 파트나 다양한 의사 결정자, 다양한 영향력 행사자가 관여하는 고객이나 거래처를 대상으로 일할 때에는 여러 개인 고객과 관계를 가질 필요가 있다. 가장 좋은 방법 중 하나는 개인이나 그들의 영향력과 구매 과정에서의 관여 정도에 따라 그들과 당신의 관계를 분류하는 것이다. 구체적으로 말해 다음 사항들을 문서화해야 한다.

• 의사 결정 과정에 미치는 영향력과 관여도는 어느 정도인가?

- 제안서를 수집하는가 아니면 제안서를 평가하는가?
- 최종 의사 결정자인가 아니면 최종 수요자인가?
- 이번 결정에 영향을 미치는 것은 그들인가 아니면 다른 부서의 누군가 인가?
- 그들은 누구에게 보고를 하는가?
- 그들에게 보고를 하는 사람은 누구인가?

현재 기존의 접촉자와 아직 만나지 못한 사람들을 포함해서 조직도를 만드는 것이 도움이 될 것이다. 조직도를 만든 다음에는 해당 회사 조직 내에 존재하는 정치 역학과 당신이 접촉하는 사람들이 대표하는 영향력의 범위를 나타내는 메모를 한다.

- 그들의 의사 결정을 이끄는 요인은 무엇인가?
- 그들의 개인적 혹은 조직상의 니즈는 무엇인가?
- 그들이 관심을 두는 것은 회사 이미지의 개선, 특정 영역에서의 성과 또는 재정상의 성과인가?
- 그들의 결정을 이끄는 개인적 요소는 무엇에 대한 니즈인가? 권력, 인정 아니면 안정성인가?
- 해당 인물과 당신의 관계는 어떤 상태인가?
- 당신은 영업 영향력 사다리의 어느 단계에 있으며, 어느 단계로 가고 싶은가? 그리고 그 단계로 가려면 어떤 일이 일어나야 한다고 생각하는가?

영업인이 거래에서 만나는 다양한 접촉자들에 대해 무엇을 알고 있는지를 분류하고, 문서화하면 그런 관계를 활용하여 다른 구매 센터를 소개받을 수 있고, 그들의 접촉 네트워크에서 당신이 알지 못하는 사람, 즉 공백을 확인할 수 있다. 그리고 나서 당신의 관계를 어디에서 확장할 필요가 있는지를 판단한다. 회사 조직의 공식적·비공식적 구매 과정을 먼저 살핀 다음 공백이 있는지 확인한다.

- 이 거래에서 당신의 위치를 개선하려면 또 누구를 알아야 하는가?
- 그 공백은 영향력을 미치는 사람인가?
- 최종 수요자인가?
- 상급자인가 아니면 하급자인가?
- 의사 결정자인가 아니면 문지기인가?
- 막후에 다른 사람이 더 있는가?

고객사 조직과 친해져라

고객사 조직 내의 한 사람과 친해지는 것은 쉽다. 하지만 더 높은 수준에서 다양한 구매 파트의 사람들을 찾아 다른 부서를 탐색하고, 관계를 쌓으면 더 큰 성공을 경험할 수 있다. 모든 관계는 더 넓은 고객 기반을 위한 징검다리다. 노련한 영업인은 고객사 조직 전체와 관계를 쌓기 위해 끝없이 노력한다. 거래 대상 한 명, 한 명과 다양한 관계를 쌓는 것이다. 기존의 거래 대상을 더 깊이 파고 들어가면 이익이 따라올 것이다.

- 새로운 회사를 뚫는 것보다 기존의 거래 대상에 있는 새로운 구매 파트에 영업을 하는 것이 더 효율적인 경우가 많다. 당신은 이미 그 회사 조직의 목표와 전략을 알고 있고, 신용을 쌓았기에 가망고객을 찾고 정보를 제시하는 시간을 절약할 수 있다.
- 해당 거래의 핵심 영역에 있는 다른 구매자들을 알고 있다는 것은 미래에 당신의 보호 수단으로 작용할 것이다. 처음에 접촉한 사람들과 계속 관계를 유지한다면 그들이 당신을 모른 척하지는 않을 것이다.
- 다른 중요 의사 결정자나 해당 비즈니스의 다른 영역과 접촉을 하면 현재 고객의 다양한 목표를 더 잘 파악할 수 있고, 고객이 필요로 하는 모든 요건을 더 좋은 위치에서 다룰 수 있다.
- 기존의 경쟁업체가 아닌 예산을 두고 경쟁하는 고객사의 다른 프로젝트에게 밀려 비즈니스를 실패하는 경우가 많다. 고객사의 돌아가는 상황을 통찰할 수 있도록 시각을 넓히면 그런 숨은 경쟁 요소를 파악하여 적절하게 대처할 가능성이 높다.

관계를 확장하는 가장 좋은 방법은 처음 접촉한 사람들로부터 시작하는 것이다. 그들을 회사 조직 내에서 다른 사람의 소개처로 삼아 다양한 수준에서 단단한 관계를 쌓는 것을 목표로 해야 한다. 처음 접촉한 사람들을 당신 편으로 만들면 그들이 당신의 보증서가 되어줄 것이며, 해당 회사 조직 내의 다른 잠재적 구매자들에게 당신에 대해 긍정적인 이미지를 전해줄 수 있다.

만약 가능하다면 접촉자들에게 부탁해 다른 사람들을 개인적으로 소개해달라고 한다. 그러면 짧은 시간 내에 신뢰를 얻을 수 있다. 어떤 최고 영업인이 말하기를 자신은 '3×3 법칙'을 쓴다고 한다. 즉 그는 하나의 거래를 할 때마다 각기 다른 세 가지 지위에서, 세 명의 다른 사람들을 소개받는 것을 목표로 한다고 한다.

당신이 접촉 가능한 수준에서 다른 부서나 기능을 이끄는 사람들과 이야기를 하는 것부터 시작해 본다. 그렇게 하면 해당 회사 조직의 전략적 목표뿐 아니라 생산이나 경영의 전략적인 도전 목표와 최우선으로 해결해야 할 난제를 파악할 수 있다.

이를 파악하고 나면 회사 조직 내의 높은 지위에 있는 사람들에게 접근하여 영업하는 것이 더욱 쉬워진다. 원칙적으로 당신의 관계를 활용하여 최대한 파고들어야 하며 당신이 전화할 수 있는 회사 조직 내 사람들의 수는 언제나 많다. 고객 관계를 확장하는 것이 얼마나 최종 결과에 미치는 영향이 큰지는 쉽게 알 수 있다. 어느 회사의 영업 담당 간부는 다음과 같이 말했다.

"저는 다른 부서의 다른 설비 담당 간부에게 소개를 받았고, 그 고객에게 미치는 모든 영향을 알아내느라 시간이 좀 걸렸습니다. 그러나 덕분에 접촉할 사람이 두 명 더 생겼고 지원받을 곳도 두 곳이 더 생겼습니다. 결국 그 설비 담당 간부와는 계약을 하지 못했지만, 다른 공장의 설비 담당 간부가 저에게 전화를 했지요. 이제는 일곱 군데 공장에서 거래를 맺고 있습니다."

큰 그림과 친해져라

회사 조직의 단계를 초월하면 최종 의사 결정자에게 영향을 미치고 관계를 형성하기 위해 조직의 더 높은 곳에 도달할 필요가 있을 것이다. 회사 조직 내에서 가장 높은 직급과 접촉하면 당신의 시야가 넓어지고 믿을 수 있는 비즈니스 코치 상태에 도달할 가능성이 높아진다.

또한 회사 조직 내 서로 다른 부서에 있는 다양한 구매 파트에 판매할 수 있는 능력이 향상되고 내부뿐 아니라 외부에서 경쟁이 되는 요소를 알아낼 가능성이 높아진다. 그에 따라 당신의 설루션을 맞출 수 있게 된다. 하지만 회사 조직의 가장 높은 단계에서 자리를 확고히 굳히는 데는 몇 가지 난제가 있다.

최초 접촉자를 따돌리지 않도록 주의한다

당신은 거래를 성사하기 위해 최초에 접촉한 사람을 제쳐놓는 결과가 되지 않도록 주의해야 한다. 특히 그 최초의 접촉자가 당신을 평가하는 입장에 있다면 더더욱 그렇다. 상급자를 만나게 되었다고 하급자의 접촉을 경시하는 일은 절대 금물이다. 당신이 접촉한 사람이 높은 단계에서 다른 자리로 이동하면 그 회사 내에서 당신을 아는 사람이 처음에 당신이 접촉했던 직원뿐인 날이 올 수도 있다.

간결하고 쉽게 전달한다

당신이 만나는 사람은 제각기 서로 다른 니즈를 갖고 있다. 회사 조직 내에서 가장 높은 직급과 접촉하려면 큰 그림을 그려낼 줄 알아야 한다.

즉 해당 구매가 현재의 비즈니스 이슈에 미치는 영향뿐 아니라 재정에 미치는 영향도 알아야 한다. 또한 이를 빠르게 해내야 한다. 가장 높은 직급의 경영진은 영업인과의 미팅에 소요할 수 있는 시간이 적으므로 당신은 메시지를 간결하고도 기억하기 쉽게 전달해야 한다.

◉ 핵 / 심 / 전 / 략 !

치고 빠지는 영업방식은 피한다

영업인 중에는 다음 영업 단계로 넘어가고 싶은 마음이 너무 강한 나머지 현재 거래를 진행하고 있는 잠재적 구매자를 소홀히 하고 새로운 가망고객에게로 넘어가는 사람이 있다. 다양한 관계를 쌓는다는 것은 고객의 회사 조직 구조를 파악하고, 지금 진행 중인 거래에 모든 영업 기회를 투자한다는 뜻이다. 현재 구매자와 유사한 니즈를 가지고 있을 여타 부서가 어디일지 자문한다. 당신이 지금 영업을 시도하는 부서와 유사한 다른 파트가 있는가?

얼굴을 맞대고 영업하는 스킬을 갈고닦는다

단지 전화 몇 통만으로 현재 진행 중인 거래에서 새로운 접촉자를 만드는 것이 가능하다 해도 직접 얼굴을 맞대는 편이 더 성공 확률이 높다. 사람들은 직접 만나서 접촉하면 당신을 전화기 너머 얼굴도 모르는 목소리가 아닌 진지하게 사람 대 사람으로 상대해 줄 것이다. 따라서 자신의 시간과 관심을 당신에게 더 많이 내줄 것이다. 또한 다른 부서의 사무실로 들어가 "방금 아래층의 ○○○ 씨와 미팅을 가졌습니다. 그분 말씀이 선생님 사무실에 한번 들러 인사 나누는 게 어떠냐고 추천하시더군요"라고 말한다면 당신의 신용은 높아질 것이다.

직급에 다라 커뮤니케이션 스타일을 조절한다

다양한 직급의 사람들을 효과적으로 다루는 능력을 좌우하는 것은 부분적으로 그 사람들의 회사 조직에 대한 당신의 지식이 얼마나 포괄적이냐에 달려 있다. 중간 간부와 접촉한다면 기술이나 실행 상의 문제를 정확히 파악하고 있음을 내보이는 것이 좋고, 경영진과 접촉한다면 전략상의 고려 사항에 집중하고, 고차원의 비즈니스 이슈를 논할 수 있어야 한다.

끝날 때 까지
끝난 게 아니다

"최근에 사무실에 설치하려고 아주 복잡한 보안 시스템을 구입했습니다. 환경을 설정하고 설치하는 데만 몇 달이 걸렸지요. 그 시스템을 담당하는 영업인은 제가 요청한 니즈에 맞춰 최고의 시스템을 설계하고, 올바른 설치를 확인하는 내내 저와 함께 일했습니다. 며칠 후에 경보 시스템에 심각한 문제가 발생했습니다. 저는 즉시 그 영업인에게 전화해서 문제를 알렸지만 연락하기가 너무 어렵더군요. 결국 고객 서비스팀이 와서 시스템을 고치긴 했지만, 그 영업인은 여전히 제게 확인 전화를 하지 않는 겁니다. 그러더니 한참 후에야 문자 메시지를 남겼더군요. 문제를 해결했다는 소식을 들었다고요. 그 후 우리 회사의 다른 사무실 두 곳에서도 보안 시스템이 필요하다고 했지만, 저는 그 영업인을 소개할 생각이 눈곱만큼도 없습니다."

당신도 고객으로서 어떤 영업인과 다시는 연락하지 않겠다고 마음먹은 경우가 있을 것이다. 거래가 성사되기 전에는 가장 친한 친구인 양 굴면서 당신이 전화를 하기 무섭게 대응하고, 필요할 때면 언제든 찾아오지만, 판매 후에는 문제가 생기면 고객 서비스 센터에 전화해야 하거나 회사 내의 다른 사람에게 연락해서 제품 사용법, 특징, 호환성 등 그에 따른 기타 여러 가지 질문에 대한 답을 구해야 한다. 물론 그것이 고객 서비스 센터의 업무이기는 하지만 영업인이 그런 일에 관여하지 않으면 영업인과 고객의 관계가 위태로워질 수 있다.

성공적인 영업인은 고객과 장기적인 관계를 맺고 관계를 돈독히 하면 어떤 이익이 있는지 알고 있다. 이런 영업인은 판매 후에도 해당 고객과 비즈니스를 계속할 가능성이 높고 더 넓은 네트워크 기회를 얻을 수 있다. 아울러 고객 사이에 믿을 만하고, 고객을 배려하고, 열심히 노력하는 파트너라는 입소문을 타게 된다.

거래 후의 헌신이란 고객에게 필요한 것을 얼마나 잘 제시했느냐를 뜻하기도 하고, 고객에게 계속 정보를 보내서 제품의 변화, 고객의 비즈니스에서 일어나는 이벤트나 트렌드 중 가치가 있을 법한 점들에 대해 정보를 갱신하도록 돕는 것을 뜻하기도 한다. 무엇보다 팔고 나서도 헌신한다는 것은 고객이 언제 다시 제품을 구입할 준비가 되었는지를 알고 그에 대비하는 것을 뜻한다.

어떤 영업인은 고객에게 전화해 판매가 성사된 데 감사를 표하고, '필요한 것을 얻었는지'를 묻는다. 하지만 장기적인 관계를 쌓으려면 이렇게 판매 후에 거는 예의상의 전화보다 차원이 높아야 한다.

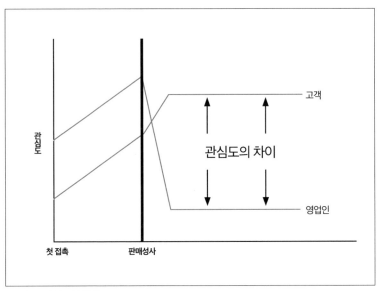

관심도

고객

관심도의 차이

영업인

첫 접촉   판매성사

〈그림 2〉 관심도의 차이

관심도의 차이를 좁혀라

성공적인 영업인은 판매가 끝났다고 해서 자신의 일이 끝난 것으로 간주하지 않는다. 계속해서 고객과 장기적인 관계를 유지하기 위해 끊임없이 노력한다. 이렇게 관계를 강화하는 데 집중하는 것은 지금까지 영업인의 역할을 정의하던 것과는 사뭇 다른 변화다.

〈그림 2〉에서 알 수 있듯이 영업인은 대체로 판매 이전에는 잠재적 고객에게 더욱 헌신적이다. 판매가 끝난 직후에는 고객이 좀 더 헌신적인 반면 영업인은 아직 마무리되지 않은 다른 구매에 더 집중한다. 판매가 성사된 후, 고객과 영업인의 관심 수준이 이렇게 다른 것을 '관심도의 차이'라고 한다. 영업인 이 차이를 지나치게 넓어지게 놔두면 고객은 새로

운 비즈니스 기회가 생겼을 때 다른 곳으로 눈을 돌리게 된다.

성공적인 영업인은 제품을 배송하는 동안이나 그 이후에 고객이 필요한 지원과 서비스를 받고 있는지를 확인함으로써 작은 관계의 차이를 없애거나 유지하려고 노력한다.

성공을 보여라

성공적인 영업인은 고객과 함께 합의한 성공 지표를 측정하여 결과나 상황을 평가한다. 이 시점에서 고객이 섭섭해하거나 소외감을 느끼지 않도록 하는 게 중요하다. 고객이 결과에 온전히 만족하지 않는다면 필요한 조치를 취해야 한다. 당신의 회사 조직 내에서 고객의 불만족을 해결할 방법을 찾아 해결하는 것은 당신과 고객의 관계에서 매우 중요하다. 그러면 고객은 당신이 이 일에 관여하는 것을 높이 평가할 것이며 당신을 파트너로 생각할 것이다.

이를 위해 영업인이 할 수 있는 일로는 지원, 성공을 보장하기 위한 빠르고 실천 가능한 아이디어 제공 등이 있다. 또한 당신의 제품이나 서비스의 영향을 측정하기 위해 사용할 기준을 확인하는 것도 필요하다. 이런 기준은 품질, 비용, 생산성, 과정, 고객 만족의 카테고리 안에 들어가는데 당신의 가치 제의나 거래 중인 비즈니스와 관련이 있어야 한다. 고객에게 적합한 각 기준마다 당신의 제품이 고객의 어느 목표를 어느 정도까지, 언제까지 성취하는 데 도움이 될지를 확인하도록 하고, 해당 목표가 고객에게 얼마나 중요한지 확인한다. 예를 들면 다음과 같다.

품질 목표 특정 시간까지 구체적인 양만큼 재작업을 줄인다. 예를 들어 '6개월 만에 4% 감소'와 같이 말이다.

생산성 목표 1년 후 시장 출시까지 드는 시간을 10% 줄인다.

계획을 개발할 때에는 새로운 기회를 확인할 방법을 찾도록 한다. 고객이 데이터를 활용하여 당신 제품의 성공을 문서화하는 내부 보고서를 준비할 수 있도록 도운다. 여기서 목표는 고객에게 제품이나 서비스에서 나오는 영향을 보여주고 고객이 가치를 볼 수 있게 돕는 추가적인 방법을 제시한다. 그리고 고객이 더 많은 제품이나 서비스가 필요하다고 할 때 당신을 찾도록 만들도록 한다.

당신의 고객에게 피드백을 받아라

성공적인 영업인은 공식적으로나 비공식적으로 판매 후에 고객에게 설문 조사를 실시하여 고객의 니즈가 어느 정도까지 충족되었는지를 파악한다. 이를 통해 프레젠테이션, 고객의 니즈 이해, 영업전의 서비스 이슈와 같이 영업의 모든 행위에 대한 피드백을 받아야 한다. 이와 같은 설문 조사를 통해 배송에 대한 만족감, 영업인에 대한 전반적 느낌, 제품이나 서비스가 고객의 니즈를 충족한 정도와 충족하지 못한 정도가 어느 정도인지를 측정해야 한다. 이런 정보가 중요한 것은 고객의 기대치, 충족되지 않을 가능성이 있는 니즈, 장래 계획까지도 파악할 수 있다.

고객을 괴롭히지 말고 계속 접촉하라

고객은 대체로 영업인이 관계에 신경 쓰고 있다는 것을 알면 좋아한다. 그러기 위해서는 고객이 자신을 담당하는 영업인과 필요할 때 연락이 되고 어떻게 하면 쉽게 접촉할 수 있는지 알 수 있게 해야 한다. 성공적인 영업인은 이메일을 보내거나 정기적으로 전화를 해 고객이 어떻게 지내는지, 필요한 것은 없는지를 확인하여 고객과 장기적인 관계로 발전시킨다.

이때 너무 자주 연락하여 고객을 괴롭히지 않는 것이 중요하다. 자주 연락하면 절박하다는 메시지를 보내는 것이다. 연락을 할 때는 언제나 이유가 있는 것이 도움이 된다. 접촉을 유지하는 아주 효과적인 방법 중 하나는 고객에게 관련 정보나 기사를 모아서 보내는 것이다. 이 방법은 고객과의 관계를 향상시켜 줄 뿐만 아니라 당신이 비즈니스 전문가로서 믿을만하다는 것을 보여주며 적어도 항상 정보를 수집하고 이해하며 남과 나누려 하는 사람임을 입증해 준다.

당신의 고객이 어디에 흥미가 있고 핵심 비즈니스 이슈가 무엇이며, 그들이 관심을 두는 또 다른 전문 분야가 어디인지 정리한다. 그리고 그런 주제에 대한 정보를 늘 살폈다가 고객에게 보낸다.

관계 발전을 도모하라

고객과 함께 일하면서 결과를 최적화하고, 관계를 향상하는 한편, 그들을 개선할 수 있게 도울 수 있는 추가적인 방법을 찾는다. 위에서 말한 관계 개선 방법 외에도 다음과 같은 방법을 사용하면 세일즈 후에도 관계 발전을 도모할 수 있다.

- 고객의 비즈니스와 연관 있는 당신의 회사 내 발전사항을 고객과 같이 한다.
- 다른 회사 조직과 일하면서 알게 된 것을 고객과 공유한다.
- 당신이 고객의 비즈니스를 제대로 인식하고 있다는 것을 보여준다.
- 유사한 이슈를 지닌 다른 고객과 네트워크 기회를 만든다.
- 고객의 비즈니스 방향을 놓치지 말고 항상 해당 비즈니스를 역사적 또는 조직적으로 파악한다.

판매 후에도 고객과의 관계가 장기적으로 발전하면 거래가 반복될 가능성이 높다. 그만큼 고객과 가깝기 때문에 고객의 새로운 니즈나 변화를 파악할 수 있기 때문이다. 판매 후에도 고객에게 헌신하고 있다는 것을 보여주면 상호 이익 관계로 이어져 당신이 투자한 시간에 상응하는 장기적인 배당금으로 돌아올 것이다.

◉ 핵/심/전/략!

고객에게 새로운 제품의 개발 파트너가 되어줄 것을 요청한다

고객의 현재나 미래의 니즈를 충족해 줄지도 모르는 새로운 제품이나 서비스 개발에 고객을 참여시킨다. 고객의 참여와 피드백은 당신의

새로운 제품이나 서비스에 도움이 될 뿐만 아니라 당신과 고객의 연대감을 강화한다.

시간을 투자할 만한 가치가 있는 고객을 주의 깊게 선택한다

모든 고객이 장기적 파트너십을 환영하는 것은 아니다. 당신 또한 모든 고객에게 투자할 시간이 없을 것이다. 그리고 어떤 고객은 시간과 에너지를 투자할 만큼 중요하지 않다.

헌신에 조건을 달지 않는다

당신의 헌신을 보여주는 목적은 고객과 장기간 지속되는 관계를 쌓기 위함이다. 당신이 그렇게 하는 이유가 오로지 자신만의 이익을 위해서라고 고객이 생각하게 해서는 안 된다.

어떻게 경쟁우위를
유지할 수 있을까?

"회계를 담당할 임시 직원을 몇 명 뽑아야 할 일이 있어서 여기저기 알아보았더니 대부분의 에이전시에서 거의 똑같은 조건을 내세우더군요. 그래서 제일 큰 에이전시 두 군데에 'X 회사 말고 당신 회사와 계약을 맺어야 할 특별한 이유가 있습니까?'라고 물었습니다. 그랬더니 담당 영업인이 'X 회사가 얼마나 정직하지 못하고, 비윤리적이며 바가지를 많이 씌우는지…'와 같이 주절주절 늘어놓는 것이었습니다. 덕분에 저는 X 회사에 정나미가 떨어져 버렸지만, 솔직히 말해 그 담당자의 끔찍한 태도 때문에 그 회사와 계약할 마음도 싹 사라졌습니다. 결국 저는 X 회사도, 그 회사도 아닌 제3의 회사를 택했지요."

오늘날 시장은 그 어느 때보다 경쟁이 치열하며 블루오션blue ocean의 새로운 비즈니스 기회를 누리는 영업인은 극히 드물다. 당신은 지금 계약 중인 공급업체를 쫓아내고 그 계약을 차지하려는 수많은 회사들과 경쟁해야 할 가능성이 훨씬 높다.

고객의 기대치는 높아져 가고 경쟁 위협도 커지고 있다. 고객의 충성심은 더욱 얻기 어려워졌고 설령 얻었다 해도 금방 사라지기 십상이다. 계약에 성공했더라도 계약을 유지하려면 계속 경쟁을 해야 한다. 경쟁이 심한 상황에서 핵심은 당신과 다른 경쟁자와의 차별점을 인식하고, 그 가치를 고객에게 확실히 알리는 것이다. 그러기 위해서는 그 가치를 고객의 비즈니스 목표나 고객이 표현하는 개인적 혹은 회사 조직상의 니즈에 직접 연계해야 한다.

고객은 저마다 전략적 니즈와 비즈니스 니즈가 독특하게 결합되어 있다. 당신이 고객에게 경쟁업체가 할 수 있는 것 이상을 제시한다면 고객이 경쟁업체에게 비즈니스를 맡겨버릴 가능성은 줄어들 것이다. 하지만 경쟁우위를 유지하려면 현실에 안주해서는 안 된다. 고객의 문제를 해결할 수 있는 더욱 창의적인 설루션을 개발하고, 가치 부가적인 서비스를 제시하며, 고객을 도울 수 있는 새로운 기회를 확인하는 작업을 계속해야 한다.

상황을 파악하라

당신이 고객의 니즈의 맥락을 파악하고 있는지 확인해본다. '고객은 어떻게 변화하고 있는가?', '고객이 새로운 시장에 진출하고 있는가?', '고객의 전략은 어떻게 변화했는가?', '고객은 어떤 새로운 비즈니스 목표를 성취하려 하고 있는가?', '시장은 어떻게 변하고 있는가?', '고객은 현재의 비즈니스 상황에서 어떻게 해나가고 있는가?', '고객에게 영향을 미치는 트렌드는 무엇인가?', '고객의 고객은 어떻게 변화하고 있는가?' 등 고객이 사용하고 있는 구매 기준을 파악한다.

고객이 구매할 때 활용하는 기준을 정확히 파악하면 당신의 제품이나 서비스를 경쟁업체보다 고객의 니즈에 맞는 포지셔닝을 할 수 있다. 고객이 공급업체를 평가할 때 사용하는 기준을 절대로 넘겨짚어서는 안 된다. 고객의 비즈니스를 광범위하게 조사하고, 고객의 장·단기 니즈를 확인하여 누가 구매 결정을 내리는지를 알아야 한다.

구매 기준은 의사 결정자가 바뀌면 달라지며 프로젝트에 따라 바뀔 것이다. 또한 해당 비즈니스에 다른 누가 경쟁을 벌이고 있는지 알아내는 것도 매우 중요하다. 내부의 경쟁도 잊지 말아야 한다. 그러기 위해서는 당신의 경쟁업체가 해당 거래에 관여하는 개인과 관계를 맺고 있는지를 알아내야 하며, 해당 고객이 과거에 어떤 공급업체와 거래를 했는지를 알아내야 한다. 고객이 왜 그 공급업체와 계약을 해지했는지, 그 공급업체가 제시하지 못한 것 중에서 고객이 원했던 것은 무엇인지, 누가 경쟁하고 있는지 알아보고 확실하지 않다면 고객에게 직접 물어본다.

당신의 위치를 이해하라

고객의 상황을 파악하고 나면 당신의 설루션이 지닌 특징과 이익을 고객의 개인적 혹은 회사 조직상의 니즈와 연결할 수 있을 것이다. 경쟁을 해야 하는 상황에서는 이 분석에서 한 단계 더 나아가 당신의 특징과 이익이 경쟁업체보다 고객의 니즈를 더 잘 충족할 수 있다는 사실을 보여주어야 한다.

당신의 설루션을 경쟁업체의 설루션과 비교하기 위해서는 경쟁업체의 제안을 잘 파악하고 있어야 한다. 경쟁업체를 연구하고, 장점과 단점을 파악한다. 경쟁업체가 제시하는 제품과 서비스에 익숙해지도록 하고, 당신 회사가 당신에게 경쟁업체에 대해 최신의 정보, 즉 팸플릿, 제품의 샘플, 이익에 대한 데이터, 스펙, 가격 등을 제공하는지 확인한다.

이렇게 폭넓은 시각으로 경쟁업체의 장단점을 아는 것은 경쟁업체를 분석하는 데 도움이 될 뿐만 아니라 고객에게 당신의 회사와 제품 및 서비스가 믿음직하다는 인상을 줄 수 있다.

한 영업인이 들려준 다음의 이야기에서 경쟁업체에 대해 잘 아는 것이 어떻게 경쟁우위에 서게 하는지를 잘 알 수 있다.

"그 구매담당자는 우리 회사의 시스템을 쓰면 돈도 절약되고 비즈니스에서 필요한 모든 기준을 충족한다는 것에 합의했습니다. 그런데도 여전히 마음을 바꾸지 않더군요. 그건 그에게 크게 중요하지 않았고, 현재의 판매 업체가 잘못하는 것이 없기 때문에 우리가 '망쳐놓으면' 큰 문제가 될 수 있었습니다.

우리는 우리와 경쟁하는 그 판매 업체가 규모는 작지만 훌륭한 서비스와 낮은 가격으로 공격적인 사업을 펼치는 회사라는 것을 알고 있었습니다. 단점이라면 컴퓨터 시스템과 보고 체계에 약하고, 프로그램과 제품 라인이 제한적이라는 것이었습니다. 우리는 또한 현재의 가망고객인 이 회사가 여러 해 전에 매각된 적이 있으며 지금도 매각될 상황에 있다는 것도 알아냈습니다. 저는 그에게 물었습니다.

'고객님의 회사가 다시 매각될 것이라고 말씀하셨지요. 지난번 매각에서 아마도 많은 변화가 있었을 겁니다. 그렇지 않습니까?' 그는 물론 그렇다고 말했고, 그래서 그것 때문에 트라우마가 있다고 대답했습니다. 저는 우리 회사의 시스템이 회사를 인수한 오너가 부서별로 상세한 업무 결과를 보고 싶을 경우 그 니즈를 충족할 수 있다는 것을 보여주었습니다. 그리고 현재의 판매 업체가 갖지 못한 다른 역량들도 강조했습니다. 결국 그는 우리 회사의 시스템을 시험적으로 가동해보기로 했습니다."

오늘날 비즈니스에서 고객을 끌어들이고 충성도를 얻어내는 핵심은 경쟁업체와 차별화하는 것이다. 다음 질문을 자신에게 던져보라.

- 우리는 더 낮은 가격으로 동일한 이익을 제공할 수 있는가?
- 우리는 더 좋은 품질, 더 나은 서비스, 더 빠른 배송을 제시할 수 있는가?
- 우리는 경쟁업체가 하지 못하는 계약 이행을 보증할 수 있는가?
- 우리는 고객의 니즈를 더 온전히 또는 더 효율적으로 충족할 수 있는가?

고객은 제품뿐 아니라 콘셉트를 구매한다. 고객은 지불한 만큼의 가치를 원하며 자신의 비즈니스에서 더 큰 이익을 가져다줄 사람을 찾는다. 그러므로 이런 차별화는 당신의 제품이나 서비스에 내재된 특징이나 이익이 될 수도 있다(예 : 보증 기간). 그것은 또한 당신 회사의 특징일 수도 있고(예 : 명성), 영업인으로서 당신이 노력한 결과일 수도 있다.

경쟁업체의 제품과 서비스가 더 유사해진다면 당신은 고객 관계에 가져올 수 있는 가치를 통해 당신을 차별화할 수도 있다. 즉 영업인으로서 당신의 전문성을 보여주고, 당신의 지성을 문제 해결에 적용하며 당신을 믿을 수 있는 비즈니스 자원 고객으로 만드는 것이다. 고객 관계에 도입할 수 있는 추가적 가치는 바로 당신에게서 나온다는 사실을 명심하도록 한다. 예를 들어 비즈니스 컨설턴트로서 당신의 광범위한 전문성, 영업 과정을 관리하는 독특한 기술, 고객의 문제를 해결한 과거의 경험 등이 있을 것이다.

영업이라는 방정식에서 당신의 역할을 고려하고 자신에게 물어보자. '나는 고객에게 다른 영업인이 할 수 없는 것을 제시할 수 있는가?' 고객과의 관계에 가치를 추가할 수 있는 당신의 역할 등을 모두 강조한다.

당신의 설루션이 왜 더 나은지를 설명하라

특정 상황에서 당신이 가진 경쟁 상의 이익을 확인하기란 어려운 일이다. 하물며 고객이 그것을 명확히 파악할 수 있고 고객의 이슈에 당신의 설루션이 어떤 가치를 가져올지를 기억하기 쉽게 설명하는 것은 더욱 어렵다. 고객에게 효과적으로 설명하기 위해서는 당신의 설루션이 제시하는 가치를 간결하고, 강력하게 전달할 수 있도록 해야 한다. 고객에게 당신의 설루션을 기억하게 하고, 비즈니스를 어떻게 도울 수 있는지, 구체적으로 어떤 영향을 끼치는지 증명할 수 있어야 한다.

당신의 경쟁력 있는 장점 중에는 고객이 표현하지 않은 니즈와 연관이 있을 수도 있다. 실제로 그런 니즈를 고객이 미처 모를 수도 있다. 이런 경우 먼저 고객에게 현재 사용 중인 제품이나 서비스에 대해 더 많은 질문을 하여 당신의 가치를 진술할 수 있도록 상황을 만드는 것이 좋다. 경쟁업체가 갖추지 못한 특징에 대해 묻고, 그런 특징이 갖는 이익이나 영향에 대해 탐색하도록 한다. 예를 들어 당신이 아웃소싱 콜센터 서비스를 판매한다고 가정해보자. 당신은 다양한 언어를 구사하는 직원을 내세우지만 당신의 주요 경쟁 업체는 그렇지 않다. 그럴 때 다음과 같이 질문하면 좋다.

"다양한 언어로 고객 서비스를 제시하지 못해서 비즈니스가 성사되지 못한 적이 있으십니까? 그 비즈니스는 고객님에게 어느 정도 가치를 가져다줄 수 있었습니까?"

대화 중에 고객이 이의를 제기했을 때 극복할 수 있도록 준비를 해둔다. 경쟁업체는 고객에게 당신의 약점을 강조한다는 사실을 알아야 한다. 심지어는 고객에게 당신의 설루션에 대한 잘못된 정보를 전달할 가능성도 있다.

◉ 핵 / 심 / 전 / 략 !

고객의 기대치를 능가하도록 노력한다

당신이 파는 제품이나 서비스가 업계에서 그리 독특하지 않은 것일 수도 있고, 다른 공급업체에서 고객의 니즈를 충족하는 유사한 제품이나 서비스를 제시할 수도 있다. 이 상황에서 당신을 차별화하려면 고객이 필요로 하는 것 이상을 제시하고, 고객의 기대치를 능가해야 한다. 시간에 맞춘 배송이나 업계에서 예외적인 지원 등의 약속으로 고객을 황홀하게 할 수 있다면 특징이나 이익이 경쟁업체와 별다를 것이 없는 원자재를 판다 하더라도 경쟁업체와 차별화할 수 있을 것이다.

고객에게 부풀려서 말하지 않는다

고객의 니즈에 더 적합한 제품이나 서비스를 제공하는 공급업체와 경쟁하더라도 지킬 수 없는 약속을 해서는 안 된다. 고객은 그런 전술을 꿰뚫어본다. 당신이 부풀려서 말한다고 의심 하면 계약을 하지 않으려 할 것이다. 더 나은 접근법은 경쟁업체에게 순순히 양보하는 것이다. 당신이 정직하다는 것을 보여주면 발전된 관계의 가능성을 높여준다.

경쟁업체를 험담하지 않는다

제품이나 서비스를 차별화할 때는 독특한 특징을 강조하고, 경쟁업체에 없는 이익을 강조한다. 경쟁업체를 헐뜯고 싶은 유혹이 생겨도 참아야 한다. 경쟁업체에 대한 험담은 영업 영향력 사다리를 오르려는 노력을 방해할 뿐이다.

기본사항에서 남들보다 뛰어나도록 노력한다

제품을 선전하여 고객의 관심을 끄는 것만으로는 경쟁업체와 차별화할 수 없다. 모두가 가격 할인과 추가적인 서비스를 강조할 때에는 당신이 기본사항에서 뛰어나다는 것을 보여주는 것이 오히려 강한 인상을 줄 수도 있다. 당신이 영업인으로서 역량과 신뢰가 있으며 당신의 제품이나 서비스 품질이 뛰어나다는 것을 보여주고, 믿을 수 있는 영업을 한 후 지원을 보증한다.

경쟁업체의 입장이 되어본다

잠재 고객의 목표를 확인하는 좋은 방법은 다른 업체의 영업인 입장이 되어보는 것이다. 경쟁업체의 영업인 역할을 맡아서 롤 플레이Role Play를 해본다. 그러한 방식으로 영업에 대한 대화를 나누어보면 당신의 고객이 경쟁업체에게서 어떤 말을 듣고 있을지를 이해할 수 있으며, 고객의 이의에 어떻게 대비해야 할지를 알 수 있다. 경쟁업체가 당신의 회사에 대해 어떻게 말할지를 예상하기 위해 당신 회사의 제품을 헐뜯는 연습도 해본다.

패배는 없다.
결과가 있을 뿐

"우리 회사의 콘퍼런스 룸 전체와 연수 시설 전체에 설치할 시청각 장비를 구입하려 할 때였습니다. 저는 시청각 장비에 대한 다양한 프레젠테이션과 제안서를 검토한 후에 결정을 내린 다음, 예의를 지키는 차원에서 후보에서 탈락한 업체 각각에 '거절' 전화를 했습니다. 세상에, 앞으로 다시는 그런 전화를 안 할 겁니다! 업체의 대부분이 정중하게 전화를 받았는데, 유독 한 업체에서 저더러 나중에 틀림없이 그 선택을 후회하게 될 거라고 말하지 뭡니까. 그러고는 제가 올바른 판단을 하고 싶다면 자기 회사 제품을 고려해보라고 하더군요. 당연한 말이지만, 저는 거절했습니다."

모든 영업인이 그렇지만 당신도 가망고객뿐 아니라 기존 고객, 그것도 오랫동안 공들인 고객을 놓칠 수 있다. 영업을 종결하든 아니든 탄력과 동기를 유지하는 것은 매우 중요하다. 영업인은 에너지를 미래를 위한 지식을 얻는 데 집중해야 하고, 이것을 실망이나 거부당했다는 생각에 써서는 안 된다. 성공과 실패에는 다양한 요소가 관여한다. 그 모든 세부 요소를 찾아내도록 한다.

먼저 가망고객의 최초 가능성이나 거래의 수익성을 재평가하는 것부터 시작한다. 그런 다음 정보를 수집할 계획을 세운다.

- 왜 고객이 구매를 하지 않았는가?
- 거래가 깨지게 된 요소는 무엇인가?
- 앞으로 비슷한 거래에서 성공하기 위해 할 수 있는 일은 무엇인가?
- 이번 거래에서 배운 것 중에 다른 고객과의 거래에 적용할 수 있는 것은 무엇인가?

고객에게 관련 기사나 중요한 정보를 보내 미래에도 계속 연락할 수 있도록 관계를 유지하도록 한다. 놓친 고객의 니즈가 얼마나 잘 충족되고 있는지를 계속해서 추적한다. 고객이 경쟁업체와 계약을 맺었다면 고객에게 경쟁업체가 할 수 있는 것 이상으로 바라는 것이 무엇인지 물어보고, 고객이 당신의 제품이나 서비스 없이도 비즈니스를 해나갈 수 있다면 장기 목표는 잘 충족되고 있는지 물어본다. 그냥 연락이나 하는 정도로는 안 된다. 모든 대화에 가치를 부여해야 한다.

멋진 패자가 돼라

고객이 당신이 아닌 다른 공급업체를 선택하거나, 기존 고객이 계약을 해지하고 다른 회사와 계약했다고 해도, 고객의 결정을 존중해야 한다. 어떤 고객은 자신의 회사와 대규모 계약이 깨진 후에도 담당 영업인과 직업상 좋은 관계를 지속했다는 이야기를 들려주었다. 그 영업인은 멋진 패자였고 계약 해지를 직업상의 진전으로 보았다.

하지만 그런 영업인은 소수다. 많은 영업인이 좋지 못한 패자가 된다. 고객은 자신이 같이 일하고 싶은 공급업체를 선택할 권리가 있으며 내키는 대로 마음을 바꿀 수 있다는 것을 명심해야 한다. 거래를 놓치더라도 고객에게 징징거리거나 불평을 늘어놓지 말고 고객에게 마음을 돌리라고 강요하지 말아야 한다.

당신을 돋보이게 할 목적으로 경쟁업체를 헐뜯지 말아야 한다. 고객이 불쾌할 때는 영업인이 남의 회사를 비방할 때나 자신을 방어하려고 자신의 회사를 비난하는 경우이다. 고객의 니즈를 충족하지 못한다고 당신의 회사를 비난하지 말고 '나는 우월한 제품을 보유하고 있지만 경쟁자가 더 훌륭했던 것뿐이다'라고 긍정적인 태도를 유지하는 것이 훨씬 낫다.

그리고 고객의 결정을 사적으로 받아들이지 말아야 한다. 고객은 잘 지낼 수 있는 영업인과 같이 일하고 싶어 하는 경향이 있지만 대부분의 경우 공급업체를 선택할 때의 기준은 거의 비즈니스 상의 고려 사항이다. 예를 들어 그들은 구매하는 제품이나 서비스의 비용과 품질, 영업 조건에 따라 선택하는 것이다.

놓친 영업기회를 사적으로 받아들이는 것은 거부당했다는 생각과 실망감을 낳을 뿐이다. 이는 당신의 자긍심과 동기부여에 해가 될 수 있다. 따라서 당신은 성취한 것에 집중하고, 그 과정에서 앞으로의 영업에 도움이 되는 것을 끌어내야 한다.

이유를 물어보라

탐색을 통해 고객이 경쟁업체를 선택한 이유를 알아본다. 접촉하는 사람이나 관련된 다른 의사 결정자에게 왜 당신이 해당 비즈니스를 놓치게 되었는지 물어보고, 당신이 어떤 일을 더 했으면 계약을 따낼 수 있었을지 또는 계약을 되찾을 수 있을지를 판단해본다. 그런 분류에는 다음과 같은 것이 포함될 수 있다.

가격 :

- 당신의 판매 가격은 그 거래를 성공한 경쟁업체의 가격에 비해 어떠한가?
- 당신은 그 영업을 성공하기 위해 가격 할인이나 표준 지불 조건을 수정할 수 있었는가?

제품 :

- 당신의 제품이나 서비스가 고객의 품질 기대치에 맞았는가?
- 고객의 니즈를 더 잘 충족하기 위해 당신의 제품을 맞춤형으로 고칠 수 있었는가?

조건 :

- 고객이 당신이 제시했던 조건 중 어떤 것에 이의를 나타냈는가?
- 예를 들어 배송 일정 때문에 고객이 마음을 바꾸었는가?

당신 :

- 고객의 기분을 상하게 하거나 화나게 만든 일을 한 적이 있는가?
- 당신의 행위, 판매 접근법, 대인관계 스타일에 잘못된 점이 있었는가?

영업인이 처음부터 끝까지 부정적인 반응을 만들어내는 경우도 있다. 어떤 고객은 다음과 같이 말했다.

"어떤 젊은 영업인이 마치 불도저처럼 자기 방식을 밀어붙이더군요. 직원에게 무례하게 굴고 전화하는 말투가 거만할 뿐 아니라 다시 전화를 하더니 강매를 하면서 흥분하기까지 했습니다. 그 영업인은 결국 비즈니스에서 배제당했고 접촉을 위한 모든 노력 또한 거부당했죠."

관계를 유지하라

고객이 당신이 아닌 다른 경쟁업체를 선택했다고 해서 그 고객이 당신을 나쁘게 생각하는 것은 아니다. 놓친 영업을 배울 수 있는 기회라고 생각하고, 영업 성과를 높이기 위해 다음에는 어떻게 행동해야 할 것인지를 고민해야 한다. 그 이후에 그 고객에게서 새로운 비즈니스를 끌어낼 적절한 기회를 찾아야 한다. 그 고객에게 고객사 내부나 외부의 가망 고객을 소개해줄 것을 부탁하고, 장래에 그 고객과 같이 일할 가능성이 있는지를 판단해야 한다.

그런 일이 일어날 가능성을 높이기 위해서는 비록 놓친 고객일지라도 지속적으로 좋은 관계를 유지해야 한다. 당신이 가지고 있는 지식과 정보가 이 분야에서 가장 새로운 것임을 강조하고, 비즈니스 파트너로서 당신의 가치를 계속 입증하며, 고객과 정기적으로 연락을 취하는 것이다. 그리고 이를 통해서 고객의 비즈니스가 잘되고 있는지, 그들이 선택한 공급업체에 얼마나 만족하고 있는지를 판단하는 것이다.

당신의 제품·서비스·회사 조직의 변화 중에서 고객이 다르게 생각할 만한 것은 모두 알리고 당신을 공급업체로서 재고하도록 이끌도록 한다. 영업 기회를 되살리고 거래를 모니터링할 때가 되었음을 알리는 요소를 놓치지 말아야 한다. 당신의 제품이 더 낫다는 확신을 가져야 장기적으로 고객에게 더 나은 무언가를 소개할 수 있다.

배움의 기회로 삼아라

놓친 기회 때문에 의욕을 잃지 않으려면 당신은 그것을 더 나은 영업인이 되기 위한 경험으로 활용해야 한다. 영업을 진행하는 동안 당신에게 좋게 작용했던 것과 나쁘게 작용했던 모든 내용을 문서화하고, 각각이 얼마나 긍정적이었는지 또는 부정적이었는지를 설명한다. 그런 다음 각각에 대해 어떤 교훈을 배웠는지를 기록하고, 다음 사항을 고려해본다.

개선해야 할 판매 상황의 측면 :

- 당신의 팀이 발전할 수 있도록 다르게 행동하거나 더 나은 세일즈 과정을 제안할 것이 있는가?(예를 들어 최초 제안을 서면으로 하는 것 등)

당신이 제시한 설루션의 특징(기능, 디자인, AS 등)이나 이익 중 당신의 회사 조직과 함께 점검해야 할 것들 :

- 제품 지식을 더 많이 습득할 필요가 있는가?(연구나 개발 그룹에게 현재 시장에서의 아이디어나 고객 요건에 대해 연구할 기회가 될지도 모른다)

경쟁업체에 대해 더 많이 배워야 할 필요성 :

- 뜻밖이었던 것이 있는가?(이런 정보를 당신 회사의 다른 사람들이 이익을 볼 수 있도록 제공한다)

비즈니스 이슈에 대한 충분한 지식 부족 :

- 비즈니스에 필요한 다양한 영역에 대해 공부할 수 있는 자료나 정보를 구할 수 있는 모임이 있는가?(다른 영업인과 함께 시장 지식을 공유한다)

당신의 회사 조직 자원을 더 많이 활용하는 방법 :

- 각각의 영업 주기에서 쓸데없이 시간을 낭비하지 않기 위해 과정을 개선

하고, 이전의 업무 경험을 활용할 수 있다.(당신 회사의 영업 부서 동료들
과 공동으로 제안요청서에 대응하고, 세일즈 프레젠테이션을 공유한다)

◉ 핵 / 심 / 전 / 략 !

과도한 영향력을 가하지 않는다

영업 분위기를 부드럽게 하기 위해 선물을 준다든가 해서 고객의 결
정에 영향력을 가해서는 안 된다. 이런 전술은 뇌물이자 직업의식과는
거리가 먼 일로 간주될 수 있고 고객이 받는다면 앞으로도 계속 비슷한
선물을 원할 수도 있다. 이런 딜레마를 피하기 위해서는 당신의 제품이
나 서비스의 장점과 가치를 고객에게 강조하여 세일즈를 성사하는 일
에 집중해야 한다.

현실적 관점을 유지한다

성공적인 영업인은 낙관주의와 현실주의 사이에서 균형을 잘 유지한
다. 자신의 고객에게 긍정적인 인상을 보여주고 자신의 제품이나 서비
스를 우호적인 방식으로 보이게 하려면 낙천적인 태도를 유지한다. 하
지만 이들도 자신들이 힘든 경쟁 상황에 처해 있으며 매번 영업에 성공
할 수는 없다는 사실을 알고 있다. 성공적인 영업인들은 이길 수 있는
태도를 취하고 있지만 영업에서 실패했을 때에도 자신감과 평정을 유
지한다.

chapter 4

코칭으로
자신을
최적화하기

계획을 끝마치기 전에 하루를 시작하지 마라. 계획을 완성하기 전에 한 주를 시작하지 마라. 계획을 준비하기 전에 한 달을 시작하지 마라. 문제를 생각하지 말고 기회를 생각하라.
　—짐 론(Jim Rohn : 사회 철학자)

신참에게는 필수,
고참 에게도 이익

"전에 같이 일했던 소프트웨어 공급업체를 통해 한 영업인을 소개 받았습니다. 그는 미팅에 자기 상사를 데려왔는데, 그 상사는 자기 회사의 새 제품을 소개하는 미팅 시간 대부분을 도맡아 진행했습니다. 조금 이따 보니 대체 제가 누구를 상대로 비즈니스를 해야 하는 건지 모르겠더군요. 저는 처음에 소개받았던 그 영업인에게 해당 제품 소프트웨어가 우리 회사의 기존 시스템과 어떻게 어우러질지에 대한 몇 가지 질문을 했지만 그 사람은 대답을 잘 못하더군요. 그런데 그 상사 역시 해당 소프트웨어의 세부적인 스펙에 대해 기억하지 못하다 보니 그 영업인을 제대로 도와주지 못했습니다."

훌륭한 영업인은 다른 사람들의 조언을 환영한다. 아무리 성공에 적절한 지식이나 기술과 태도를 갖추고 있고 효율적인 비즈니스 과정과 첨단 기술의 도움을 받는다 하더라도 좋은 코칭이 없으면 자신의 성공을 유지할 수 없다는 것을 알고 있다. 이는 특히 영업 분야에서 확실히 나타난다. 경제 현황, 경쟁 관계, 새로운 제품, 서비스 등과 같은 시장 상황은 늘 빠르게 변화하고 있으며 코칭은 영업인들이 교육과정을 통해 배운 지식을 강화하고, 성과를 끌어내며, 회사 전략과 영업현장을 한 방향으로 이끈다.

연수는 일회성 이벤트가 아니라 강의실에서 학습한 것을 확장하는 과정이다. 코칭은 학습한 것이 스킬로 전이되는 과정에서 핵심적인 역할을 한다. 교육과정을 마친 직후가 가장 최상인 것처럼 생각되지만 코칭 과정과 심화 과정을 밟지 않는다면 영업 지식은 금세 사라져버린다.

좋은 코치가 없다면 찾아야 한다. 영업 부서의 상사일 수도 있고 영업 경영진의 한 사람이거나 동료일 수도 있다. 코치가 누구든 간에 당신의 장점과 단점에 대한 건설적인 피드백을 요청하고, 기술을 갈고닦는 데 도움이 될 만한 조언을 구해보자. 당신의 목표와 함께 회사 조직의 목표를 성취하는 것을 기꺼이 도와줄 누군가를 찾아야 한다.

피드백을 받아 대비하라

영업인들은 코치를 통해 일대일 피드백과 격려를 받고 고객과의 관계를 쌓는 전략과 기술을 개선해야 한다. 코치는 영업인이 상사, 동료, 연수 프로그램 등에서 배운 것을 활용하여 자신이 직면해 있는 독특한 영업 과제를 해결할 수 있도록 도와줄 것이다. 그리고 다음 사항에 대해 안내하고 방향을 가르쳐줄 것이다.

전화 준비 코치와 함께 잠재 고객을 확인하고, 영업 잠재력을 평가한 다음 전화의 목표를 설정한다.

거래 계획 영업 전략을 개발하고, 영업 프로세스의 우선순위를 정할 때 코치의 전문성을 활용한다.

협상 어려운 협상을 수행하고, 효과성을 평가할 때 코치에게 참여를 요청한다.

프레젠테이션 고객에게 프레젠테이션을 할 때 코치의 참여를 요청하여 프레젠테이션 스킬에서 개선할 수 있는 부분을 확인한다.

정기적으로 만나 디테일을 유지하라

코칭은 신참 영업인에게는 필수적이지만 경력이 많은 영업인들에게도 이익이 된다. 특히 어느 회사에 신입으로 들어갔거나 새로운 비즈니스 또는 새로운 업계에 발을 들인 영업인에게는 더욱 그러하다. 코칭이 최대의 효과를 내기 위해서는 정기적으로 시행되어야 한다. 코치와 정기적으로 성과를 평가하고, 개선할 수 있는 방법으로는 다음과 같다.

사전 전화(Pre Call) 1주일에 한 번 또는 한 달에 몇 번 코치와 함께 가망고객 발굴을 위한 전화를 한다. 그 후 철저하게 점검하는 시간을 가진다.

스킬 점검 1주일 혹은 2주일에 한 번 코치와 만나 연수 프로그램에서 배웠던 중요한 영업스킬을 검토하고 연습한다.

롤 플레이(Role Play) 코치와 함께 주기적으로 가망고객 발굴 전화를 하여 영업스킬을 다듬고 코치가 영업스킬을 어떻게 사용하는지 관찰하거나 코치와 함께 역할극을 해본다.

코칭은 영업인의 지식을 늘려주고 자기 발전에 필요한 조건을 만들어준다. 또한 자신감을 높이고 피드백을 통해 거울이 되어준다. 코칭 질문의 예는 다음과 같다.

- 당신의 고객은 당신을 문제 해결사로 여기고 있는가?
- 당신의 고객은 당신을 다른 영업인과 다르게 보고 있는가?
- 당신의 고객은 당신을 다시 보고 싶은 사람으로 보고 있는가?
- 당신의 고객은 당신을 가치를 얻을 수 있는 사람으로 보고 있는가?

이런 질문들은 영업인이 스킬을 더욱 디테일하게 가다듬도록 도와주며 영업인이 고객에게 특별한 파트너가 되는 법을 배우게 해준다.

발전 계획을 세워라

코칭은 잘 구조화하고 지속적으로 이루어질 때 가장 효과가 좋다. 꾸준히 신경 써서 연습한다. 코치와 함께 발전 계획을 세우고 구체적인 목표를 정한 다음 개선하기 위한 시간표를 만든다.

코칭 계획은 영업 성과를 향상할 모든 스킬과 전략을 포함해야 한다. 대인관계, 의사소통 스킬, 문제 해결, 계획 기술, 팀 기술, 협상 기술 등뿐 아니라 당신의 제품, 서비스, 고객의 비즈니스, 경쟁업체에 대한 지식 등도 포함해야 한다. 마지막으로 코칭 과정을 측정하고 문서화한다. 성과와 관련된 고객 설문 조사, 수익 보고서 등의 자료를 비롯하여 코치의 평가를 파일로 만들고 새로운 개선 목표를 설정할 때 이 정보를 활용한다. 회사가 당신이 발전하는 데 도움을 주는 코치를 찾아주지 않으면 스스로 찾아 개선 프로그램을 혼자서 마치려고 하지 않는다.

고객은 본능적으로 영업인이 자신감이 없으면 그 낌새를 알아차리고 약점을 찾아낸다. 연습하지 않고 고객을 상대하면 고객은 그 사실을 알아차린다.

더 많은 팀을 확보하라

코칭 관계는 다양한 방법으로 만들 수 있다. 부서의 상사가 코치가 될 수도 있고 회사 조직에서 당신에게 코치를 임명해 줄 수도 있지만, 당신이 직접 코치를 선택할 수도 있다. 원하는 코치를 직접 선택할 수 있다면 두 명 또는 세 명을 고려한다. 코치를 여러 명 두면 각 분야에서 뛰어난 사람과 일함으로써 다양한 분야에서 진전을 이룰 수 있다. 또한 코칭에서 쓰이는 개인적이고 격식 없는 접근법은 영업스킬 가운데 개인적으로 관심 있는 스킬을 배우는 데 매우 효과적이다.

공식적인 연수 프로그램도 유익할 수 있다. 특히 당신이 개선을 위해 아주 중요하다고 생각한 분야의 특정 스킬에 집중하는 프로그램이라면 더욱 그렇다. 교육과정에서 최고 결과를 얻으려면 코치와 니즈 분석을 한 다음 교육훈련 프로그램을 검토한다. 자신의 역량을 개선하고, 발전을 원하는 니즈를 충족하기 위해 코칭을 받는 영업인은 반드시 성공한다. 10점 만점으로 계산할 때 코칭의 효과는 11점이라 할 수 있다. 코칭은 그만큼 중요하다.

시간은 양의 문제가 아니라
관리의 문제다

"전에 잡지를 파는 영업인을 접한 적이 있는데 정말 짜증 나는 사람이었습니다. 최소한 1주일에 두 번은 전화해서 거래 상태를 점검하는 겁니다. 게다가 그날 안에 답을 주지 않으면 회의 중인데도 호출을 보내고요. 결국 저는 그 사람에게 거래를 하지 않겠다고 잘라 말하고, 그 잡지를 다시는 거들떠보지 않았습니다. 다른건 없고 오로지 그 사람이 강매하는 게 너무 싫었기 때문입니다."

영업인은 쓸데없이 시간을 낭비하는 경우가 너무나 많다. 앞의 예에 나온 영업인은 가망고객에게 돌이킬 수 없는 짜증을 안겨주었다. 그는 많은 시간과 노력을 기울였지만 아무런 성과를 얻지 못했다.

영업인이 습득해야 할 가장 중요한 기술 중 하나가 바로 영역Territory 관리다. 시장 관리란 영업인이 마치 자신의 비즈니스인 것처럼 영역을 관리하는 데 필요한 모든 것, 즉 기술·과정·도구를 뜻하며 그중에서도 특히 시간, 즉 자원을 원하는 대로 투자하여 가장 큰 성과를 얻어내는 것을 말한다.

시간은 돈이다

영업인과 영업부서 상사들이 시간의 가치를 잊어버리고 성과가 나기 어려운 기회에 시간을 허비하는 일이 흔하다. 하루는 그렇게 길지 않으며 가능성이 높은 가망고객과 교류하기 위해 시간을 많이 쓴다고 해서 결과가 확실해지지도 않는다.

시간 관리는 목표를 정하는 데서 시작한다. 영업인은 일정 기간 동안의 목표, 하나의 거래에 대한 목표 등 자신의 목표를 인식하고, 그 목표를 성취하는 동안 거치게 되는 경로를 최적화해야 한다. 중요한 목표와 최적의 경로를 설정해놓으면 궁극적으로 최종 목표를 성취할 수 있다. 임기응변식이 아니라 전략적인 방식으로 중요한 영업활동을 인식하고, 우선순위에 따라 일정을 짜서 적절하게 자원을 배분할 수 있다. 이런 정보를 문서화하고, 행위와 일정을 관리하는 데는 소프트웨어 도구가 아주 쓸모 있다.

한 영업인은 다음과 같이 말했다.

"저는 원 소스 소프트웨어 도구를 써서 영업 프로세스 어디까지 왔는지를 추적할 수 있습니다. 또한 기억해야 할 일, 해야 할 일, 메

모 등 그 외의 모든 일을 그 도구로 해결하지요. 하지만 그렇게 유

용한 도구가 있더라도 궁극적인 목표에 집중하지 않으면 영업기

회는 달아나버릴 겁니다."

하루에 더 많은 것을 끌어내라

삶이 단순하다면 영업인은 우선순위가 높고 목표 지향적인 행동에만 시간을 쓰면 될 것이다. 하지만 불행히도 끝도 없는 추가 업무와 이슈들이 우리의 주의를 앗아가 버린다. 이런 자질구레한 업무 때문에 중요한 업무를 놓치는 일을 방지하려면 업무의 목적을 인식해야 한다. 그런 후에 다음과 같이 한다.

- 목표와 직접 관계가 있는 행동을 늘린다.
- 간접적으로 목표와 관련된 행동을 확인한다.
- 시간을 낭비하는 행동을 가능한 한 빨리 찾아내 없앤다.

가능하다면 하루를 더욱 효율적으로 보낼 수 있는 도구와 과정을 활용한다. 관리 행위를 빨리 끝낼수록 고객과 더 많은 시간을 함께 보낼 수 있다. 그렇다고 해서 중요한 계획이나 준비 단계를 소홀히 해서는 절대 안 된다. 시간을 잘 활용하기 위한 전술에는 다음과 같은 것들이 있다.

- 남에게 맡길 수 있는 업무는 남에게 맡긴다.

- 업무를 동시에 해결한다.(고객을 만나기 위해 로비에서 기다리는 동안 어떤 업무를 할 수 있다)
- 업무를 한 덩어리로 모은다.(금요일 오후의 일정 시간을 정해놓고 1주일 치 비용 보고서를 한꺼번에 작성한다)
- 지름길을 찾는다.
- 중복을 피한다.(문자 메시나 이메일은 읽은 즉시 답한다. 그러면 여러 번 읽을 필요가 없다)

영업인의 건전한 시간 관리 전략을 방해하는 최대의 적은 바로 영업인 당신이다. 잘 짜놓은 계획이 전부 틀어지기 전에 꾸물거리는 버릇을 인식하고 고쳐야한다.

더 많다고 해서 더 좋은 것은 아니다

영업인이 빠지기 쉬운 가장 큰 함정 가운데 하나가 바로 가망고객 발굴 전화나 상담을 더 많이 할수록 기회가 더 많아진다고 생각하는 것이다. 하지만 실제로는 성공 가능성이 낮은 가망고객이나 기존 고객에게 영업을 하기 위해 수백 통의 전화를 하는 것보다 좋은 품질의 전화나 상담을 더 하는 것이 비즈니스에서 성공할 가능성이 훨씬 높다. 한 대기업 광고 회사 영업담당자는 다음과 같이 말했다.

"제가 성공을 거두지 못했을 때를 돌이켜보면 그 이유는 정신이 산

<표 1> 고객 분류 4분면 표

가능성 높음	A 거래 추가 비즈니스를 제시할 가능성이 높은 기존 고객. 이 고객을 집중적으로 파고 들 것.	C 거래 가까운 시일 내에 영업이 성사될 가능성이 높은 가망 고객. 고객으로 확보할 것.
가능성 낮음	B 거래 성장 가능성이 적거나 없는 기존 고객. 관계를 유지하는 수준.	D 거래 기회를 제시할 가능성이 없는 가망 고객. 모니터링할 것

만해진 나머지 제가 해야 할 일을 못 하고, 성과와 관계없는 다른 영역에 집중했기 때문입니다."

80/20이란 법칙이 있다. 실제로 당신이 벌고 있는 수익의 80%는 20%의 고객으로부터 나온다. 심지어 이보다 더 치우치는 경우도 있다. 그러므로 핵심은 큰 기회가 나오는 작은 주머니가 어디인지를 파악하는 것이다.

당신은 기존 고객뿐 아니라 가망고객을 일정한 기준에 따라 분류한 후 전화를 거는 횟수와 투자 시간을 할당해야 한다. 이런 분류에 사용하는 방법과 도구로는 여러 가지가 있다. 그중 하나로 〈표 1〉처럼 4분면 표를 만드는 것이 있다. 거래처와 가망고객을 이러한 방식으로 분류하면 시간을 어디에 써야 할지 결정하기가 편하다. 즉 A와 C에 집중해야 한다.

롤러코스터를 길들여라

영역 관리에서 흔히 접하는 또 다른 위험은 '모'아니면 '도'라는 태도다. 이런 영업인은 기존 고객이든 가망고객이든 한두 군데의 새로운 비즈니스 기회에 거의 모든 시간을 투입한다. 성공했든 실패했든 그 기회가 지나가면 이 영업인을 기다리는 다른 기회는 사라져 버린다. 예를 들어 당신의 영업 프로세스가 기본적으로 최초 전화, 공식 프레젠테이션, 제안서, 시연, 최종 검토, 계약 성사의 5단계라고 가정해보자.

당신은 어느 기회 하나에서 이 프로세스를 끝까지 완료하기 위해 모든 근무시간을 투입할 수 있다. 그 결과 계약이 성사되었든 실패했든 이 기회에서 5단계에 도달하고 나면 파이프라인에는 다른 기회가 전혀 남지 않은 상태가 된다. 그렇게 되면 계속적인 최초 가망고객 발굴 전화라는 길고도 무미건조한 길을 다시 걸어야 한다.

당신의 영업 성과가 수익 면에서 변동이 심한 롤러코스터를 탄다면 그 영향은 서비스와 지원 회사의 조직 전반에 퍼져나간다. 파이프라인이 언제나 가득 차 있도록 하는 것이 훨씬 더 효율적이다. 파이프라인이 가득 찬 상태를 유지하기 위해 얼마나 많은 행동이 필요한지를 결정하는 방법은 단계별로 영업 프로세스를 계획하는 것이다.

앞에 제시한 예를 활용하여 기초부터 시작하여 한 해 동안 수익 또는 이익 목표를 채우기 위해 필요한 성사 계약이 얼마나 필요한지를 판단해본다. 예를 들어 계약이 20건 필요하다고 가정하고 파이프라인을 채우기 시작한다. 20건의 계약을 성사하려면 얼마나 많은 검토가 필요하며 그만한 양을 검토하려면 시연이 몇 번이나 필요할까?

이 과정의 맨 꼭대기에 도달하면 얼마나 많은 가망고객 발굴 전화를 해야 할지 좋은 생각이 떠오를 것이다. 파이프라인 관리는 당신이 새로운 영역에서 일하든 기존의 영역에서 일하든 관계없이 좋은 영업 실무다. 당신이 주로 기존 고객을 상대하므로 마케팅용 전화를 거의 할 필요가 없다 하더라도 기존 거래에서 기회를 찾아내고, 이런 과정을 통해 그 기회를 진전하려는 노력은 계속 필요하다. 최근 어느 연구 프로젝트에서 영업 조직의 한 관리자는 필자에게 다음과 같은 이야기를 들려주었다.

"새로 들어온 영업인이 기존의 영역을 맡게 되었습니다. 이전 담당자가 발품을 팔아야 하는 업무는 다 해놓았기 때문에 가망고객 발굴 전화를 열심히 걸어야 할 필요가 없다고 생각했나 봅니다. 그 영업인은 주문이 제대로 이행되었는지를 확인하기 위해 한 달에 한 번 전화하는 것으로 충분하다고 판단했던 모양입니다. 그달이 끝나갈 무렵, 그 영업인은 이전 담당자 그 누구보다도 자신의 실적이 가장 낮은 것을 깨닫고 놀랐답니다."

◉ 핵/심/전/략!

피드백을 활용하여 우선순위를 정한다

코치나 가장 좋은 고객에게 당신이 특정 영역에서 얼마나 업무를 잘 수행하고 있는지 객관적인 시각으로 봐줄 것을 부탁하고, 이 정보를 활용하여 우선순위를 정한다.

시간을 더 만든다

차 안에서 시간을 보내는 경우가 많다면, 가야 할 곳들을 직선 상에 배치하여 운전하는 거리와 시간을 줄이고 왔던 길을 다시 가야 하는 경우를 줄인다. 자동차, 공항 또는 고객 회사의 로비에서 허비하는 시간이 줄어들면 그 시간을 생산적으로 쓸 준비를 한다. 예를들어 자료를 읽거나, 메일에 답을 하거나, 전화 걸기 전에 필요한 준비를 하거나, 경비 보고서를 쓰거나, 전화를 건 후 분석을 한다.

'재계획'을 잊지 않는다

목표와 일정 계획 세우고 나면 진전사항을 추적하고, '일정을 지켰는가?', '예산을 맞추었는가?' 등의 목표를 성취하기 위해 다시 계획을 세우는 것을 고려한다. 계획은 목표 달성으로 이끄는 일련의 주기다. 원래 짜놓았던 계획대로 한 곳에서 다음 장소로 바로 가는 경우는 드물다.

다양한 의사소통 방식을 활용한다

오늘날 고객과 의사소통할 수 있는 방식은 아주 많다. 직접 대면하는 것은 가치 있는 방법이지만 항상 그런 것은 아니다. 고객과 직접 대면하지 않을 때는 이메일·팩스·전화 등과 같은 의사소통 방법을 활용한다.

테크놀로지를
능숙하게 활용하라

"기기에 문제가 생겨 저는 영업인에게 전화했습니다. 통화가 되지 않아 수소문 끝에 서비스 담당자에게 전화를 걸어야 했습니다. 그리고 담당 영업인에게 다시 전화했더니 서비스 신청과 방문 시간을 모두 온라인으로 처리할 수 있다고 말하더군요. 그걸 처음부터 알려주었으면 얼마나 좋았을까요. 저는 담당 영업인이 온라인 시스템을 써보라고 말하는 것보다는 문제 해결에 자기가 할 수 있는 책임을 다했으면 좋겠다고 생각했습니다. 제가 보기에는 계약이 성사된 후라 그가 더 이상 우리 회사에 신경을 쓰지 않는 것 같더군요."

성공적인 영업인은 활용 가능한 모든 도구를 사용하여 효과와 효율을 높이고 고객과의 관계와 가치를 향상시킨다. 오늘날 성공적인 영업 조직들은 그 어느 때보다도 테크놀로지를 활용해서 업무를 효율적으로 처리하고 영업 성과를 높인다.

영업 테크놀로지라 함은 영업 조직에서 영업활동을 자동화하고, 고객과 관계하는 과정을 지원하기 위해 특별히 설계한 모든 소프트웨어와 하드웨어를 뜻한다. 복잡한 메뉴와 프로그램 기능으로 가득한 새로운 테크놀로지는 너무 벅차 보이기도 하고, 이런 도구가 영업인에게 얼마나 더 큰 성공을 가져다주는지도 확실치는 않다. 이런 새로운 테크놀로지를 사용하면 업무가 더 골치 아파질 뿐이라는 불평을 듣거나 해본 적이 있을 것이다.

하지만 영업 테크놀로지를 100% 활용하는 것은 경쟁우위를 확보하는 데 매우 중요하다. 고객은 당신의 회사와 일하면서 업무 과정이 편리하고 막힘이 없기를 원한다. 그들은 다른 니즈나 요청사항이 생길 때마다 매번 다른 사람에게 연락하는 상황을 싫어한다. 고객은 담당 영업인이나 고객 서비스와 즉시 접촉할 수 있기를 원하고, 당신의 제품이나 서비스, 자신의 주문·배송 일정·가격 책정에 대한 모든 정보를 얻고 싶어한다. 영업 테크놀로지는 이 모든 것을 가능하게 해준다.

영업인이 활용 가능한 테크놀로지를 사용하지 못한다는 것은 네트워크 또는 기술상의 문제가 아니며 몇몇 사람들이 주장하는 테크놀로지 공포증 때문도 아니다. 테크놀로지를 받아들이지 못하는 가장 큰 장벽은 영업인이 그것을 시간이나 잡아먹고 사용하기 불편한 도구라고 생각하기 때문이다.

유능한 영업인이라면 업무를 더욱 편리하게 수행하는 동시에 고객의 니즈를 더 잘 충족하기 위해 이런 장벽을 극복하고, 성공적으로 테크놀로지 도구를 활용해야 한다.

활용 가능한 것이 무엇인지 파악하라

당신의 회사가 시장에서 가장 최신이거나 훌륭한 테크놀로지를 모두 제시할 수는 없겠지만, 영업인이라면 무엇이 활용 가능한지를 아는 것은 중요하다. 영업 테크놀로지에는 소프트웨어와 하드웨어가 포함되며, 이메일과 휴대전화에서부터 고객 관계 관리CRM 시스템과 예측 도구까지 아우른다. 이 중 일부는 아주 단순하고 간단하지만 복잡한 시스템은 재고 조절부터 온라인 주문까지 모든 과정을 포함하여 수백만 달러에 달하는 투자가 필요하기도 한다. 일반적으로 하드웨어는 다음과 같이 몇 가지 카테고리로 나눌 수 있다.

컴퓨터 데이터베이스 관리, 워드 프로세싱, 전자 의사소통과 네트워킹, 프로젝터를 연결해 프레젠테이션을 한다. 컴퓨터는 고객이나 동료와 의사소통을 쉽게 해줄 뿐 아니라 고객 정보 관리를 단순하게 만들어준다.

스마트 기기 고객과의 접촉을 위한 문자 메시지를 포함한 무선통신, 일정 관리를 위해 달력, 전화번호, 약속 등을 수록하여 간편하게 휴대할 수 있다.

소프트웨어는 하드웨어를 운용하는 프로그램으로 간단한 것에서 아주 복잡한 영업 관련 시스템까지 그 범위가 다양해 응용의 폭이 넓다. 당신이 알아야 할 중요한 소프트웨어에는 다음과 같은 것이 있다.

의사소통과 데이터베이스 기능 온라인 주문 시스템, 이메일, 고객 접촉 관리 등이 포함되며 모든 세일즈 관련 회사가 접근 가능한 중앙 집중형 정보 시스템 기능을 운영한다.

영업 프로세스 애플리케이션 일정 관리, 가격 견적, 접촉 관리, 자동화 전화 보고와 제안 창출, 주문 추적 등이 포함된 일상의 주기적 세일즈 행위를 자동화하는 다양한 소프트웨어 애플리케이션이 있다.

영업조직이 활용 가능한 소프트웨어와 하드웨어가 아주 다양하다는 점을 감안할 때 영업인이 테크놀로지에 짓눌린다는 느낌을 받거나 회사에서 제공하는 도구에 적응하기를 거부하는 이유를 짐작하기란 어렵지 않다. 어떤 것이 활용 가능하고, 어떻게 쓰이는지를 아는 것이 중요하며, 일단 알고 나면 가망고객 발굴을 위한 동선 관리부터 제품 배송을 위한 온라인 재고 관리와 주문 추적까지 당신의 다양한 영업활동 효율과 효과를 자동화하거나 개선할 수 있다.

테크놀로지에서 최대의 가치를 끌어내라

영업 테크놀로지에서 나오는 기회와 이익을 최대한 활용하는 유일한 방법은 테크놀로지를 어떻게 활용하는지를 알고 고객을 위해 어떻게 활용할 수 있는지를 파악하는 것이다. 단순해 보이지만 많은 영업인들 테크놀로지가 너무 시간만 잡아먹고 불편하다는 이유로 사용을 미루고 있다. 그것은 테크놀로지를 활용하고, 이익을 끌어내는 법에 대한 연수를 받지 못했기 때문이다.

연구결과에 따르면 영업인의 테크놀로지 활용 기술 수준이나 역량은 그들이 받은 테크놀로지 교육 수준과 관련이 있다. 영업인들이 활용 가능한 테크놀로지를 받아들이는지, 활용도에 만족하는지, 테크놀로지가 자신의 영업활동과 결과를 향상시킨다고 생각하는지에 가장 큰 영향을 미친다. 영업 테크놀로지를 '거의 모른다'라고 답한 영업인의 50%만이 활용 가능한 테크놀로지를 온전히 사용하고 있다. 반면 '많이 안다' 또는 '전문가 수준이다'라고 답한 영업인 중 80%가 제대로 사용하고 있다. 영업인은 이런 도구의 활용법에 대해 철저히 교육을 받아야 할 뿐 아니라 그 이익과 응용에 대해서도 파악하고 있어야 한다.

'업무를 더욱 편하게 수행하고, 고객에게 가치를 부가하기 위해서는 이것을 어떻게 활용해야 할까?'라는 질문에 대한 대답을 확실히 파악하고 있어야 한다. 그러기 위해 회사 내 IT 부서, 연수 담당자, 영업 관리자에게 교육을 요청한다. 연구 결과에 따르면 영업인들이 테크놀로지 응용 프로그램을 제대로 파악하고, 사용법을 잘 알고 있을수록 그런 도구에서 더 많은 이익을 끌어낼 수 있다. 놀라운 일이지만 하드웨어와 소프트웨어가 더 많아지고 전반적인 선택과 다양성이 더 커질수록 영업인들이 영업 테크놀로지에 만족하는 성향은 더 커진다.

영업인은 소프트웨어 시스템을 배울 시간이 없다고 생각하는 경우가 많다. 하지만 시간과 노력을 들여 고객 접촉 관리 소프트웨어를 익히는 것은 그만한 가치가 있다. 가망고객, 기존 고객, 과거 고객에 대한 온전하고 정확한 데이터베이스를 갖추고 있을 때 당신과 회사가 얻는 이익은 그 프로그램을 익히는 데 투자한 시간 이상이다.

최초의 투자에서는 시간이 소모되겠지만 나중에는 시간을 절약하는 효과를 볼 것이다. 전화번호, 미팅 메모, 제품 사용법뿐 아니라 고객에 대한 여타 세부사항을 즉시 찾아볼 수 있기 때문이다.

테크놀로지로 무엇을 할 수 있는지 파악하라

어치브 글로벌이Achieve Global이 8천 명의 영업인을 대상으로 조사한 결과 테크놀로지가 영업활동에 미치는 가장 큰 영향으로는 영업조직 내에서 또는 고객과 이루어지는 의사소통 능력의 개선이 있었다. 일반적으로 컴퓨터를 통한 이메일은 의사소통을 개선하는 중요한 도구다. 통신 테크놀로지는 단순히 의사소통 빈도를 높일 수 있는 기회일 뿐만 아니라 영업인과 고객의 관계를 효율적으로 만들어 고객의 니즈를 처리하며, 동료나 상사와 소통하고 의견을 듣는 도구로 활용한다. 테크놀로지는 영업인이 영업 전략을 개발하는 능력을 개선하며 기존 고객의 영업 성과도 높여준다.

그렇다면 영업 테크놀로지는 고객에게 어떻게 가치를 제공할까? 영업인이 여러 가지 종류의 테크놀로지를 갖추면 고객이 좋아하는 방식,

즉 이메일, 팩스, 문자 메시지 등을 선택해서 고객과 의사소통할 수 있다. 그리고 영업 테크놀로지는 다음을 가능하게 한다.

- 고객과 즉시 접촉할 수 있다.
- 회사 제품과 서비스에 대한 정보를 제공한다.

이처럼 영업 테크놀로지는 고객이 거래에 편리하게 접근할 수 있고 주문을 변경하기 쉬우며 고객 서비스를 더욱 효과적으로 받을 수 있다. 하지만 전자 통신을 활용한 의사소통은 개인 대 개인의 교류를 대체할 수 없다. 단단한 관계는 개인적인 접촉과 의사소통을 통해 발전한다.

니즈를 탐색하고, 협상을 하고, 고객의 말을 귀 기울여 듣는 것은 전자 매체를 통해서는 효과적으로 할 수가 없다. 고객은 당신에게 자신이 중요한 사람이며 당신이 시간을 써서 개인적 접촉을 할 만큼 자신을 가치 있다고 생각해 주기를 원한다.

◉ 핵 / 심 / 전 / 략!

이메일은 짤막한 개인적인 안부나 메시지로 시작한다

이메일 주제는 비즈니스 업무를 유지하되 업무와 관련 없는 내용과 관련이 있는 내용을 확실히 분리한다. 종이에 쓰지 않았을 내용을 이메일에 포함하지 않는다. 그리고 고객이 원하지 않는 한 민감한 정보나 기밀 정보를 이메일로 보내서는 안 된다.

부정적이고 극단적인 감정과 의견을 나타내는 표현은 피한다

부정적이고 극단적인 표현은 오해를 불러일으키고 감정적 피드백을 유발하여 의사소통에 장애가 될 뿐이다. 상대가 누구인지를 항상 염두에 두고 어조와 문체를 선택한다.

말하지 않은 제안서와 가격 견적을 이메일로 보내지 않는다

고객은 즉각적인 정보를 원하지만 고객이 요청하지 않았거나 맥락이나 포지셔닝을 미리 제시하지 않은 제안서, 프레젠테이션, 가격, 견적 등을 보내는 것은 위험할 수 있다. 고객은 그런 자료를 오해하거나 필요하지 않은데도 당신이 보낸 거라고 생각할 수 있다. 신규 고객과 관계를 쌓거나 세일즈를 종료할 때는 SNS에만 의존해서는 안 된다.

테크놀로지 사용에도 확인을 거듭한다

프레젠테이션을 할 때는 컴퓨터 시스템에 오류와 호환성에 문제가 없는지 미리 확인하고, 프레젠테이션 예비 파일과 복사본을 같이 가져간다.

고객을 다른 부서로 바로 넘기지 않는다

고객이 원하는 것을 받았다는 것을 확신하기 전까지는 다른 부서로 넘기지 말아야 한다. 모든 시스템이 항상 제때에 작동하지는 않는 법이다. 당신이 직접 관여하지 않아 고객의 주문이 잘못 처리되었거나 대금 청구에서 오류나 문제가 해결하지 못했다면, 고객은 당신에게 화를 낼

것이다. 이메일을 통해 약속했다 하더라도 약속 확인은 전화로 하거나
직접 만나서 한다.

팀영업 시 각자의 역할을
명확히 하는 것이 중요하다

"거의 열 명이 같이 왔더군요. 제가 전화상으로 이야기했던 영업인 외에는 왜 오는지 궁금했어요. 몇몇 사람은 말을 했는데, 둘이서 비슷한 이야기를 하는 정도였습니다. 모두들 즐거워 보였습니다. 저도 그랬다면 좋았겠지만요."

영업 팀을 구성하는 것은 이제 흔한 일이 되었다. 성공한 공급업체들은 고객과 콘택트 포인트가 하나뿐인 상황은 이제는 현실적이지 않다는 인식을 하고 있다. 이런 영업팀은 고객의 비즈니스나 업계에 대해 포괄적 지식을 갖춘 전문가와 고객의 총체적 요구 사항을 충족하는 업무를 보는 전문가로 구성한다. 팀 영업은 다양한 범위의 정보, 조언, 아이디어를 고객에게 제시할 수 있기 때문에 경쟁업체와 차별화가 가능하다.

또한 다음과 같은 특정 상황에 더 잘 대응할 수 있다. 대형 거래에서 다양한 접촉자를 만나 복잡한 니즈를 가졌거나 기대치가 매우 높은 고객을 만족하게 하는 경우, 이런 영업에는 기술적인 이슈나 광범위한 영업지원 또는 복잡한 계약 이행이 수반된다. 영업 팀의 일원이 되면 조직의 힘을 보여주어 영업을 진전시킬 수 있고 회사 조직 전체가 해당 영업을 지원하고 있음을 확인할 수 있다. 더 나아가 다른 전문가들과 팀이 되면 영업 논의 과정에서 표면에 떠오르는 질문에 더 잘 대응할 수 있다.

구매팀을 파악하라

당신이 제품이나 서비스를 판매하려는 대상이 대기업이든 소기업이든 가족이 소유한 회사든 당신이 만나는 사람은 구매팀일 가능성이 높다. 고객의 요구 사항은 갈수록 복잡해지고 투자는 더욱 신중해지고 있다. 그 결과 많은 고객이 팀을 구성해서 자신들이 공급업체에 원하는 것을 설명하고, 그들이 제시하는 것을 평가하고 있는 추세다.

구매팀을 상대할 때 개인은 물론 팀의 모든 사람을 만족스럽게 만들어야 한다. 가능하면 구매팀의 각 구성원이 어떤 역할을 하는지 미리 파악하여 당신이 할 일을 정하고, 각 구성원이 적절한 관심을 받고 있음을 확인해야 한다. 구매팀을 분석할 때는 다음 사항을 고려해야 한다.

팀의 크기 팀의 구성원이 두세 명뿐이라면 당신 혼자서도 영업을 진행할 수 있을 것이다. 하지만 그 이상이라면 당신 회사의 다른 사람들에게 지원을 요청하는 것이 좋다. 그렇지 않으면 영업을 진행하기 전에 여러 가지 장애를 극복해야 할 것이다.

대표하는 기능 팀의 기능을 파악하면 고객의 우선순위와 관심사에 대한 정보를 얻을 수 있다. 예를 들어 구매팀이 주로 재무부서 직원으로 구성되어 있다면 가격 책정이나 지불 문제가 주요 이슈가 될 것이다.

팀 구성원의 직위 구매팀이 고위급 경영진으로 구성되어 있다면 프레젠테이션에 당신의 상사를 초청하거나 구매팀 구성원의 직급에 상응하는 당신 회사의 경영진에게 참석을 요청해야 한다.

핵심 의사 결정자 모든 구매팀에는 구매 결정 과정에서 다른 구성원보다 더 큰 영향력을 행사하는 구성원이 존재한다. 누가 핵심적인 의사 결정자인지 파악하여 그 사람의 니즈를 충족하는 데 노력을 집중한다.

구매팀의 질문에 답할 수 있는 사람과 동행하라

회사의 전문가를 동원하여 고객의 요구 사항에 대응하되 영업 과정에 너무 많은 사람을 포함해서는 안 된다. 고객의 질문이나 관심사에 가장 잘 대답할 수 있는 사람만을 포함한다. 누가 무엇을 할지, 무엇을 말할지, 언제 말할지를 결정화해야 한다. 팀 구성원의 서로 다른 개성, 의사소통 스타일, 전문성을 고려한다. 어떤 사람은 고객의 특정한 태도에 대해 효과적인 대응을 할 수 있는 반면 어떤 사람은 다른 측면을 효과적으로 다룰 수 있을 것이다.

훌륭한 영업인은 혼자만 빛나는 스타가 아니라 팀을 이끄는 리더다. 자료 집약적인 영업에서는 모든 팀의 구성원을 관리할 수 있는 리더가 필요하다. 고객에게 팀 구성원 한 명, 한 명이 왜 필요한지를 알게 하고,

그들이 어떻게 고객에게 도움을 주어 관계를 성공으로 이끄는지 설명한다. 기술적 지원을 위한 구성원, 행정적 지원을 위한 구성원, 설치를 위한 구성원이 모두 힘을 합쳐 고객의 요구 사항을 충족해 주어야 한다.

유능한 사람을 데려와라

고객은 당신의 영업 조직에 있는 모든 사람이 자신을 도울 준비가 되어 있기를 원한다. 팀이 성공하려면 팀 구성원이 적절한 판매, 의사소통, 팀워크 기술을 가질 수 있도록 연수를 받게 한다. 고객의 배경, 현재 영업 상황과 니즈, 영업 전화의 목표에 대해 팀 구성원을 교육한다. 그런 다음 리허설을 실시하여 모두가 영업 전화에서 자신의 역할을 파악했는지, 고객의 질의에 전술적·포괄적으로 응답할 수 있는지, 어떤 정보를 미리 수집하거나 준비해야 하는지를 확인한다.

영업, 행정, 서비스 분야에서 모두가 팀으로서 효과적으로 협동해야 한다. 팀 구성원 모두는 대인관계 및 의사소통 기술에 능통하여 고객의 니즈를 충족하는 데 더욱 효과적으로 협조해야 한다. 가망 고객과의 콘택트가 끝나면 항상 팀과 되돌아보는 시간을 가져 관찰한 사실과 아이디어를 공유하고, 앞으로는 누구의 참여가 필요할지를 판단한다.

주요 고객과 접촉할 때는 고객과 영업 팀 사이의 의사소통을 조절하여 고객이 팀 구성원들의 노력을 어떻게 받아들이고 있는지를 팀 구성원에게 알리는 것이 당신의 역할이다. 영업인은 영업 팀의 노력을 조직화하기 위해 리더십 스킬을 개발해야 한다.

팀의 프로세스를 고객에게 설명한다

고객에게 팀을 활용하기로 결정했다면 해당 고객에게 전화를 하기 전에 반드시 그 사실을 알리고 팀의 프로세스가 어떻게 진행되는지 설명하여 같이 일할 팀 구성원의 이름을 알린다. 이렇게 하면 고객이 대비할 수 있다. 그뿐만 아니라 고객에게 당신을 뒷받침하는 다양한 자원 네트워크가 있음을 알리고 당신이 해당 영업활동에 가져올 수 있는 부가가치를 알려줌으로써 당신에 대한 신뢰성을 높일 수 있다.

팀 구성원에게 포상한다

팀 구성원이 각자의 공헌에 대해 어떤 방식으로든 보상을 받지 못한다면 노력과 시간을 들여 굳이 당신의 세일즈를 도우려 하지 않을 것이다. 팀 구성원이 세일즈에 참여할 가치가 있다고 생각하도록 노력한다. 예를 들어 그들의 공헌을 다른 사람들에게 알리거나 세일즈가 끝났을 때에는 팀 구성원들과 점심을 같이하거나 작은 선물로 축하를 한다.

팀 영업의 이익을 홍보한다

영업 팀에는 여러 종류가 있다. 어떤 팀은 영구적이고, 어떤 팀은 특정 거래를 위해 조직되기도 한다. 팀 영업이 고객의 니즈를 충족하기에 가장 좋은 방법이라고 생각하면 그 가치를 홍보하고, 당신 회사의 문화에 통합하기 위한 모든 노력을 다해야 한다.

팀 영업의 성공을 저해할 수 있는 부서 간의 장벽, 불충분한 의사소통

채널을 찾아내어 처리하고, 팀 영업을 효과적으로 만드는 데 필요한 교육과 코칭을 요청한다.

고객의 문화와 소통한다

좋은 인상을 주는 데 도움이 되는 모든 고객 관련 정보를 팀과 공유한다. 여기에는 드레스 코드나 사용하는 말투, 격식에 대한 정보, 미팅의 속도, 내부 관례 등이 포함된다. 작은 사실 하나를 안다는 것이 중대한 차이점을 만들고 이것이 고객의 호감을 높일 수 있다.

단체정신을 개발한다

혼자서 판매할 수도 있겠지만 팀의 성공을 좌우하는 것은 다른 사람과 협동하고, 단체정신을 보여주는 당신의 능력이다. 인내심, 융통성, 배려심은 영업인이 팀 판매 환경에서 갖춰야 할 중요한 특질이다.

계획은 계획일 뿐,
실행만이 답이다

"몇 년 전 한 영업인이 제게 전화를 했는데 영업을 정말 못하더군요. 사실 그때 저는 그 사람에게 정말 못한다고 말했습니다. 그런데 그 사람이 최근에 다시 전화해서 지금은 다른 회사로 옮겼으며, 제 조언을 받아들여 개발 계획을 짜고 기술을 향상하여 이제는 다른 사람이 되었다고 말하더군요. 저는 그 사람과 비즈니스 미팅을 하기로 합의했지만, 다시 만나 보니 그 사람이 아직도 형편없는 수준이라는 것을 금방 알 수 있었습니다. 그 사람은 처음부터 와자 지껄 떠들기만 했지 제 관심사에는 귀를 기울이지 않았습니다. 저는 그 사람에게 기술 향상을 위해 무엇을 했는지를 물어보았지요. 그랬더니 자기의 계획은 약속을 얻어내는 기술을 습득하는 것이었다고 하더군요. 그리고 다음 달에는 전화를 시작하는 방법을 습득할 거라고 했습니다."

최고 영업인은 모든 스킬과 능력에 집중해야 한다는 것을 알고 있다. 앞에서 코치를 활용하여 성과를 개선하고, 계획을 개발하는 방법을 이야기했다. 여기서 핵심사항은 새로운 기법을 업무에 적용하는 것이다. 가장 좋은 계획은 서면으로 작성하는 것이다. 노트북, 스마트폰, 메모지를 비롯해 가장 편한 도구를 꺼내 새로운 조언과 기법을 활용할 수 있는 계획을 적는다. 먼저 당신이 잘할 수 있는 것과 개선이 필요한 것을 파악해야 한다. 그리고 나면 그 두 가지 영역에 대한 계획이 필요하다.

우선순위를 정하는 것부터 시작한다

효과적인 실행 계획을 만들려면 우선순위를 정하는 일이 핵심이다. 어떤 비즈니스 설비 영업인은 전화를 시작하는 자신의 기술에 C 마이너스를, 이의를 처리하는 기술에는 B 마이너스를 주었다. 그리고 그는 이의를 극복하는 기술에 좀 더 집중하기로 결정했다. 그것이 자신의 업무 성과에 더 큰 영향을 주기 때문이었다. 당신이 처리하고 싶은 분야에 높은 우선순위를 부여한다.

다음으로는 그 영역에서 성과를 개선하거나 더 다듬기 위해 무엇을 해야 할지를 결정한다. 당신이 파악한 각 영역마다 둘 이상의 접근법이나 기법을 적용한다. 모든 스킬이 모든 고객에게 통하는 것은 아니다. 각 영역 당 둘 이상의 접근법 상의 접근법이나 스킬을 습득한다.

새로운 접근법이나 기법을 실행하는 데 지원이 필요한지를 판단한다. 고객 인터뷰에 대한 사례 연구가 필요할 수도 있다. 지원을 요청하는 것을 두려워하지 않는다. 제안서를 쓰거나 프레젠테이션을 작성하는

〈표 2〉 실행 계획표

영역	우선순위	앞으로 30일 동안 활용할 기법 한 가지	앞으로 60~90일 동안 활용할 기법들	필요한 지원 또는 자원
1. 고객 중심 영업				
2. 고객 관계 시작하기				
3. 성공적인 영업 전화하기				
4. 고객의 관심사 다루기				
5. 장기 파트너십				
6. 코칭을 통해 자신을 최적화하기				

데 있어 도움을 요청하는 것을 주저하지 않는다. 당신의 발전을 위한 노력을 회사 조직의 목표에 맞춘다.

〈표 2〉의 실행 계획표는 계획을 문서화하는 간단한 접근법의 한 가지 예다. 우선순위 열에는 ABC 접근법을 활용한다. 우선순위가 높은 영역은 A, 중간 영역은 B, 낮은 영역은 C로 한다. 다음으로 우선순위가 높은 각각의 영역에서 하나의 기법을 선택하여 앞으로 30일 동안 활용한다.

세 번째 영역에서는 우선순위가 높은 영역에 대한 추가 기법을 선택하고 60일에서 90일 동안 활용할 기법들을 정리해 본다.

네 번째 열에서는 새로운 기법들을 훈련하는데 필요한 지원이나 자원이 무엇인지 판단한 다음 그것을 기록한다.

<표3> 잠재적인 기법 목록

1부 : 고객 중심 영업
  1. 역할을 숙달하라
  2. 최초로 가망 고객 전화 일정을 잡아라

2부 : 고객 관계 시작하기
  1. 공부하라- 철저한 준비 과정
  2. 파트너십을 위한 기반을 세워라
  3. 라포를 쌓고 설득력 있는 프레젠테이션을 하라

3부 : 성공적인 전화하기
  1. 올바른 시작을 하라
  2. 니즈와 목표를 찾아라
  3. 이익을 논의하라
  4. 세일즈를 완료하라

4부 : 고객의 관심사 다루기
  1. 무관심을 극복하라
  2. 이의 제기를 예상하라
  3. 오해를 풀어라
  4. 결점에 대한 지적을 처리하라
  5. 회의주의자를 극복하라
  6. 남은 관심사에 대해 협상하라

5부 : 장기적인 파트너십
  1. 주도적이 되라
  2. 지속적인 관계를 쌓아라
  3. 팔고 나서도 헌신하라
  4. 경쟁우위를 유지하라
  5. 문을 열어놓고 떠나라

6부 : 코칭을 통해 자신을 최적화하기
  1. 코칭을 통해 성과를 극대화하라
  2. 시간과 영역을 관리하라
  3. 테크놀리지를 능숙하게 활용하라
  4. 팀과 함께 일하라
  5. 실행계획

잠재적인 기법을 확인한다

앞에서 얘기한 내용을 다시 읽고 당신이 원하는 기법을 확인한다.

그 기법들을 〈표 3〉의 잠재적인 기법 목록에 적어 넣는다. 상사나 동료 또는 다른 사람들에게 들었던 기법도 추가한다. 특정 기법을 원하는지 확신이 서지 않는가? 한 영업인은 자신은 다른 사람들에게 효과적이었던 기법 목록을 만들어서 정기적으로 들여다보며 활용해보고 싶은 것 하나를 선택한다고 말했다.

필요하다면 반복한다

우선순위는 바뀌게 마련이다. 그러므로 당신의 장점, 약점, 우선순위를 분기마다 재평가하고, 실행 계획도 검토하고 수정한다. 영업활동을 개선하기 위해 새로운 방식을 활용하고 있다고 해서 이미 습득한 기법이나 실무 기술을 사용하지 않을 이유는 없다. 좋아 보인다는 이유만으로 새로운 아이디어를 사용하지 않는다. 적절하기 때문에 사용해야 한다.

◉ 핵 / 심 / 전 / 략 !

피드백을 활용해서 우선순위를 정한다

코치나 고객에게 당신이 특정 영역에서 얼마나 잘하고 있는지에 대해 객관적인 평가를 요청한 다음 그 평가를 활용해서 우선순위를 정한다.

동료를 의지한다

코치나 다른 영업인과 기법을 공유하고, 고객에게 새로운 접근법을 활용한 후에는 코치나 동료 영업인과 롤 플레이를 통해 잘하고 있는지 점검한다.

성공과 실패를 기록한다

해당 스킬을 사용했던 상황이나 조건이 적중했는지 그렇지 않았는지 여부와 어떻게 하면 가장 잘 활용할 수 있을지를 기록한다.

영업 고수의
상담 스킬과
훈련 방법

chapter 5

영업고수의
상담프로세스
3D

성품과 평판은 아마도 당신 커리어에서 가장 값진 자산일 것이다. 진실성에 대한 평판과 정직한 업무처리는 당신에게 더 많은 연봉과 선의의 씨앗을 움트게 하여 결국 꽃을 피우고 열매를 맺게 할 것이다. 진정한 성공은 올바른 발걸음을 따라간다.
—오리슨 스웨트 마든(Orison Swett Marden : 호텔 CEO, 성공 컨설턴트)

영업인으로 성공하기 위해서 역량과 노력이 겸비되어야 한다는 것은 누구나 알고 있을 것이다. 또한 마케팅, 영업 전략, 영업 기법, 상품 관련 지식, 거래처 정보, 내부 협조 등 모든 것들이 영향을 미친다는 사실 또한 의심의 여지가 없다. 그러나 성과를 향상시키는 데에 무엇보다 중요한 것은 고객을 만나 상담하는 장면에서 벌어지는 상황을 개선하는 것이다.

상담 시간이 길든 짧든 거래는 상담에 임하는 순간의 질적 수준에 따라 결정된다. 상담은 거래를 성사시키기 위해 영업인이 자신의 지식, 경험, 전략 등 모든 수단과 방법을 동원하는 시간을 말한다. 상담을 할 때 이루어지는 대화는 일반적인 대화와는 차이가 있다.

일반적인 대화가 목적이 없는 일상적인 잡담이라면 상담할 때의 대화는 목적과 방향성을 가지고 있다. 상담을 통해 고객을 만나는 동안 당신은 그 시간을 어떻게 활용할 것인지 선택할 수 있다. 대개는 당신이 상담을 주도하거나 고객에게 휘둘리거나 둘 중의 하나인 경우가 많다. 그렇다고 해서 당신이 상담을 자기 마음대로 좌지우지해야 한다는 뜻은 아니다. 또한 그렇다고 해서 분위기나 상황 진전에 신경을 쓰지 말라는 이야기도 아니다. 상담 시의 대화는 자연스럽고 유연하게 흘러가면서도 계획되고 제어되어야 한다.

글로벌 영업 교육 및 컨설팅사인 포럼Forum의 연구에 의하면 영업고수들은 다음과 같은 4가지 면에서 차별화된다고 한다.

— 신념과 태도

— 상담 기법

— 상담 프로세스

─ 상담의 시작과 마무리

신념과 태도는 상담의 기본 원칙을 말하는 것으로 일종의 고객에 대한 철학이라고 할 수 있다. 사람의 신념 체계는 태도와 행동을 결정하는 근간이기 때문에 상담을 성공적으로 이끌어 가는 데에 중요한 기반이 되는 요소라고 할 수 있다. 집을 짓는 것에 비유한다면 집을 짓기 전에 튼튼하게 지반을 다지는 일이 여기에 해당된다.

고수들은 상담을 진행할 때 자신이 아니라 고객에게 초점을 맞춘다. 즉 고객의 구매 단계나 니즈, 목표, 고객이 처한 상황 등에 맞춰 상담을 전개해 나간다. 고수들이 말하고 행동하는 것 대부분은 고객에게 의미 있고 가치 있는 것이다. 따라서 고수들은 항상 '이것은 고객에게 어떤 이익을 가져다 줄까?'라는 질문에 스스로 답하며 상담에 임한다. 고객은 자신의 문제나 관심사를 나누고 싶은 것이지, 영업인의 이야기를 듣기 위해 시간을 보내고 있는 것이 아니기 때문이다.

그리고 고수들은 고객에게 보조를 맞추기 위해 상담할 때에 고객의 구매 단계에 따라 고객이 가지고 있는 관심과 흥미 수준을 파악해 적절히 대처한다. 고객이 아직 구매의 필요성을 느끼지 않은 상태에서 해결책을 제시하거나 구매를 강요하지 않는다. 고객이 구매 결정을 내리기에는 아직 정보가 부족하기 때문이다. 또한 고객이 영업인과 정보를 공유하는 것이 왜 중요한지를 이해하기 전까지는 질문도 하지 않는다.

아울러 고객을 상담에 참여시켜 고객이 주도적으로 구매 결정을 내릴 수 있도록 도와준다. 고수들은 대부분의 사람들이 다른 사람들의 말보다는 자신의 말이나 판단을 더 신뢰한다는 사실을 알고 있다. 고수들이 질문하고 경청하는 이유가 바로 여기에 있다. 하지만 이런 상담의 기본 원칙을 지키며 효과적으로 상담을 하기 위해서는 무엇보다도 숙련된 상담 기법이 필요하다. 상담 기법이란 상담에 필요한 커뮤니케이션 기술로 상담 전에 고객과의 '친밀감 형성'을 통해 분위기를 조성하고, 고객이 적극적으로 상담에 참여할 수 있도록 '공감'하고 '수용'하며 자연스러운 '질문'을 통해 원하는 정보를 얻는 동시에 고객이 스스로 니즈를 탐색하고, 해결 방안을 찾도록 돕는다. 그리고 마지막으로 대화의 내용을 '확인'하고 정리하여 고객이 필요로 하는 정보를 '제공'하는 것을 말한다. 고수들은 이와 같은 커뮤니케이션 기술을 아주 효과적으로 구사한다.

고수들은 고객의 구매 단계에 맞춰 고객의 니즈를 파악하고, 그 수준에 맞게 상담을 전개해 나가다. 예를 들어 고객이 관심이 없을 때에는 관심을 보일 때까지 기다린다. 고객이 자신의 니즈를 이해하고, 구매에 관심을 보이기 전까지는 제품에 대해 설명하지 않는다. 그 대신에 고객이 자신의 니즈를 해결해야 하는 이유와 필요를 인식하도록 돕는다. 이렇게 함으로써 구매를 강요하거나 구걸하는 것이 아니라 고객 스스로 최선의 선택을 할 수 있도록 도와준다.

영업 고수들은 자신의 상품을 팔기 위해 마음 졸이며 설명할 기회를 탐색하거나 대화의 주도권을 놓고 고객과 신경전을 펼치지 않는다. 고객이 스스로 해결책을 찾아가도록 그 여정을 함께할 뿐이다.

STEP 1
발견Discover

오프닝

오프닝 전에 얼마나 생각하고 준비했는지, 최근에 당신이 방문했던 고객들을 생각해 보자. 오프닝 단계는 전체 프로세스 중에서 가장 인간적이고 개인적인 단계이다. 그래서 가장 어색하고 불편한 순간인 반면 가장 소중한 부분이기도 하다. 하지만 안타깝게도 대다수의 영업인들은 오프닝 단계를 두서없이 보내 버린다. 이 단계에서 당신이 무엇을 해야 하는지 분명하게 인식하고 있다면 상담은 훨씬 더 순조롭게 흘러갈 수 있다.

이 단계는 주로 가벼운 대화로 시작된다. 가벼운 대화를 별로 좋게 생각하지 않는 사람도 있지만 영업 프로세스의 일부로서 아주 필요한 경우가 많다. 가벼운 대화는 고객에게 편안함을 주고 당신이 마음을 쓰고 있다는 것을 보여준다. 또한 가벼운 대화는 고객과 감정적 연결고리를 형성해 상담 과정에서 파트너십을 증가시키는 데에 그 목적이 있다. 친밀감을 형성하기 위한 이야깃거리는 미리 준비하든 고객을 둘러싼 주변 상황에서 힌트를 얻든 상관없다. 친밀감을 형성하는 데 가장 좋은 방법으로는 질문을 하거나 상대방의 반응을 유도하는 말을 건네는 것이 있다.

오프닝을 잘하려면 고객에게 친숙한 아이디어나 사건과 연결 짓는 것이 중요하다. 친밀감 형성을 위한 가벼운 대화는 자연스럽게 이야기를 본론으로 전환하게 해준다. 만약 당신이 이전에 고객과 상담을 해본 적이 있다면 그때의 기억을 되살리는 것도 한 가지 방법이다. 예를 들면 다음과 같이 말이다.

"지난번 미팅 때는 ~을 검토하고 싶다고 하셨던 것으로 기억합니다."

"지난번 미팅 때는 ~에 흥미가 있으신 것 같았습니다."

오프닝은 상담을 시작하기 전에 미리 준비하는 것이 좋다. 효과적으로 오프닝을 하면 상담 내용에 초점을 맞출 수 있을 뿐만 아니라 상담을 통해 서로가 얻는 이점도 분명히 할 수 있다. 오프닝은 '상담 목적', '상담 이익', '동의 점검'의 세 가지 요소를 포함시킬 때 효과적이다.

오프닝을 준비할 때에는 "고객과 어떤 내용에 대해 상담하고자 하는가?", "상담을 통해 고객은 어떤 이익을 얻을 수 있는가?", "상담을 통해 논의할 안건에 대해 고객은 동의하는가?"라는 질문에 답을 해보는 것이 좋다.

상담 목적 대화의 범위를 정하고, 고객이 관심을 가진 분야에 초점을 맞추게 한다.

상담 이익 고객에게, 왜 당신과 함께 시간을 보내야 하는지를 말하는 것이다.

동의 점검 고객이 상담 목적을 이해하고 동의하며 관심을 갖고 있는지를 확인한다. 이는 보통 간단한 질문을 통해 고객이 당신의 제의에 동의하는지 아니면 다른 생각을 갖고 있는지를 묻는 형태로 이루어진다.

역량 소개

당신이 소개하는 역량은 상담 목적과 관련이 있어야 하고, '이 사람과 이야기하면 내게 도움이 되겠구나'라는 고객의 기대를 불러일으킬 수 있어야 한다. 그리고 역량을 소개할 때는 "당신은 누구이며, 내가 왜 만나야 합니까?", "당신 회사가 타사와 다른 점은 무엇입니까?"와 같은 고객의 질문에 답할 수 있어야 한다. 가령 다음과 같이 말이다.

"이런 방법을 통해 귀사의 니즈에 특별하게 맞출 수 있는 해결책을 제시해 드릴 수 있을 겁니다."

"이를 통해 고객님의 서비스에 부가가치를 더하는 데에 저희가 최고의 해결책을 드릴 수 있습니다."

역량 소개는 상담에서 다룰 내용, 즉 제안하는 바가 고객에게 어떤 가치를 줄 수 있는지를 설명하는 것이다. 단순히 당신 회사의 상품이나 서비스가 주는 가치에 대해 설명하는 것이 아님을 명심한다.

발견을 위한 질문

최근에 경험했던 기분 좋았던 대화를 생각해 보자. 상대방은 분명히 다음 사항을 지켰을 것이다.

- 의미 있는 질문을 던져 생각하게 만들었다.
- 말을 끊지 않고 당신을 이해하려고 진심으로 노력했다.
- 지나간 일과 대화의 내용을 자세히 기억했다.

인간은 누구나 다른 사람이 자신의 이야기를 들어주는 걸 좋아한다. 당신은 쉴 새 없이 자기 말만 하는 사람과 대화를 해본 경험이 있을 것이다. 대개는 그렇게 혼자 말하는 사람들을 피한다. 실제로 고객들은 이런 사람들의 말을 한마디도 듣지 않으면서도 겉으로는 웃고 고개도 끄덕이는 경우도 있다. 만약 당신이 만났을 때 늘 얘기를 늘어놓는 사람이라면 상대방은 어떤 생각을 하겠는가?

대화를 독점한다고 해서 영업에 도움이 되는 것은 아니다. 대부분의 고객들은 오히려 자기 얘기를 들어주기를 원한다. 따라서 고객과 상담을 할 때는 고객보다 적게 말해야 한다. 이것을 가능케 하는 것이 바로 질문이다. 질문을 던지면 당신은 고객의 니즈와 문제 또는 해결책을 파악할 수 있다. 그리고 이 과정에서 고객과 유대감이 형성된다. 고객은 자기 일에 대해 관심을 가진 사람과 얘기하고 싶어 하고, 영업인은 고객을 더 이해할 수 있기 때문이다. 따라서 고객을 만나기 전에 질문을 준비하고, 숙달될 수 있도록 노력해야 한다.

니즈 탐구

영업인의 지식과 경험은 성과 향상의 필수 요소임이 틀림없다. 하지만 성과 향상에 항상 도움이 되는 것은 아니다. 우리는 시간의 흐름에 따른 영업인들의 실적 변화에서 흥미로운 사실을 발견할 수 있다.

입사 초기에는 시장 경험과 상품에 대한 지식이 늘면서 실적도 좋아지고 사기도 올라간다. 그러나 몇 달 후 그들 대부분에게서 점차 실적이 떨어지기 시작하더니 사기 역시 떨어지는 것을 볼 수 있다. 이런 결과가 나타난 것에 대해 사람들은 업무에 싫증이 나서 의욕이 떨어진 것에 원인이 있다고 생각한다. 그러나 자세히 살펴보면 경험과 지식이 쌓일수록 고객에게 질문을 적게 하기 때문인 경우가 많다. 영업을 처음 시작할 때에는 모르는 것도 많고 배운 대로 고객들에게 많은 질문을 하는 반면, 어느 정도 시기가 지나면 차츰 질문의 빈도가 줄어든다.

일반적으로 나이를 먹고 시간이 흘러 경험이 많아지면 사람들은 자신의 노하우나 경험을 강조한다. 이 때문에 고객의 문제를 발견하거나 원인을 분석하는 데 집중하지 않고 자신의 경험이나 판단에 의존해 해결책을 제시하는 잘못을 범한다. 영업의 성패는 고객의 문제를 얼마나 정확하게 분석하고 진단하느냐에 달려 있다.

질문은 고객 입장에서 생각하고, 고객의 니즈를 명확하고 완전하게 인식해 이해하는 것이 목적이다. 그래야만 가장 효과적이고 가능한 방법을 고객 스스로 찾도록 도와줄 수 있다. 그렇다면 질문을 통해 고객에게서 알아낼 수 있는 정보에는 어떤 것이 있을까?

- 고객에게 왜 그러한 니즈가 생겼는지를 알게 된다.
- 구체적으로 무엇을 원하고, 개선하고 싶은지를 알게 된다.
- 왜 그것이 중요한지를 알게 된다.
- 니즈에 대한 우선순위를 알게 된다.
- 인식의 차이가 없도록 서로를 확실히 이해하게 된다.

그렇다면 고객에게 유용한 정보를 얻어내기 위한 효과적인 질문들은 어떤 특징을 가지고 있을까?

고객에게 초점을 맞춘다

단순히 정보 파악이나 호기심 충족이 목적인 질문은 상담 초반에 간단히 하고 끝내는 것이 좋다. 상담이 진행되는 동안에는 고객 스스로 니즈를 탐색하고, 이를 방치했을 때 예상되는 결과나 개선했을 때 얻을 수 있는 이익에 관해 최상의 대안을 찾을 수 있도록 초점을 맞춰서 질문을 해야 한다.

한 가지씩 명료하게 한다

한꺼번에 여러 가지 질문을 하지 않는다. 질문을 기억하고 답하기도 어려울 뿐 아니라 부담을 줘서 상담을 그르칠 수도 있다.

예상 질문을 준비한다

당신이 경험이 많은 코치라면 다행이지만 그렇지 않은 경우에는 상황에 맞는 질문이 생각보다 쉽지 않을 수도 있다. 따라서 고객을 방문하기 전에 예상 질문을 미리 준비하는 것이 좋다. 당신의 질문이 고객의 생각과 판단에 영향을 주기 때문이다.

갭(GAP)을 확인한다

고객들은 다양한 니즈를 가지고 있다. 그러한 니즈는 크게 두 가지로 나눌 수 있다. 첫 번째는 고객이 증가시키고자 하는 것, 즉 제품품질, 생산속도, 광고효과, 생산성, 수익률 등과 두 번째는 고객이 감소시키고자 하는 것, 즉 비용, 가격, 불량률, 고객의 불만, 유지 보수 문제 등이 있다. 따라서 니즈를 확인하는 유용한 방법은 고객이 무엇을 증가시키고 무엇을 감소시키고 싶은지를 찾아내는 데에 있다.

그것들을 확인한 후 고객과 갭을 줄일 수 있도록 도와주는 행위가 바로 영업인 것이다. "성공은 이상과 현실의 갭을 줄이는 것이다"라는 말이 있다. 영업인은 질문을 통해 고객 스스로 이 갭을 인식하도록 도와주어야 한다. 갭이 명확해져야 니즈는 더욱 명확해지고 구체화되기 때문이다.

논의Discuss

많은 영업인이 본연의 자세를 잃고 무너지는 곳이 이 단계다. 발견 단계에서 질문을 통해 니즈를 파악해 놓고 고객이 조금만 관심을 보이면 영업인은 어느새 교사가 된다. 경험 많은 영업인들조차도 고객의 니즈를 발견한 순간을 제품이나 서비스에 대해 제안할 수 있는 좋은 타이밍이라고 착각하는 경우가 많다. 그러나 고객은 이제 막 당신과의 대화에 참여하려 할 뿐이다.

논의 단계에서 가장 중요한 것은 고객이 가지고 있는 니즈, 즉 갭을 줄여야 하는 당위성과 중요성을 자각시키는 것이다. 이것은 고객에게 현재의 상태가 개선되지 않고 방치되었을 때 예상되는 부정적인 결과와 적절한 조치를 취했을 때 얻을 수 있는 이익을 인식시킴으로써 뭔가 신속히 결정해야 한다는 마음을 가지도록 하는 것이다. 고객이 그것을 인식하게 되면 고객의 관심은 자연스레 한 단계 높아지게 된다.

결과 논의

결과 논의는 당신 회사의 상품이나 서비스로 해결할 수 있는 고객의 니즈 중에서 하나를 선택한 후, 질문을 통해 고객이 그것을 그대로 방치했을 때 예상되는 결과에 대해 인식하게 하는 것을 말한다.

예를 들면, "이런 품질 문제가 생산관리 전반에 어떤 영향을 미칠 거 같습니까?", "이런 서비스 문제가 계속 발생한다면 귀사의 평판에 어떤 영향을 미칠 거 같습니까?"와 같이 묻는 것이다. 예상되는 결과를 인식시키면 고객은 스스로 심각성을 느껴 뭔가 조치를 취해야겠다는 자각을 하게 된다.

이익 논의

이익 논의는 고객으로 하여금 문제가 해소되었을 때 얻을 수 있는 이익에 대해 알게 하는 것이다. "이 문제가 해결된다면 회사에 어떤 영향이 있겠습니까?", "이 문제가 해결된다면 어떤 변화가 예상됩니까?"와 같이 묻는 것이다.

고객이 예상되는 이점에 대해 명확히 인식하기 시작했다면 구매 결정에 한 발 더 다가섰다고 할 수 있을 뿐 아니라 다른 사람들의 말보다 당신의 말에 의해서 설득될 가능성이 높다. 그리고 이런 질문을 통해 고객은 자신이 미처 생각해 보지 못했던 이익이나 혜택을 발견하게 된다. 이 발견의 순간이 바로 고객으로 하여금 행동하게 하는 순간이다.

대안 논의

상담을 통해 자신의 현재 상태와 이상적인 상태의 갭을 인식하고, 그것을 방치했을 때 예상되는 결과와 해결했을 때 오는 이익에 대해 파악하게 되면, 고객은 이제 뭔가 대안이 필요하다고 생각하게 된다. 이때 당신은 코치로서 고객이 대안을 발견하도록 도와주어야 한다. 고객 스스로 대안을 모색하고, 최적의 안을 찾을 수 있도록 하는 것이야말로 논의 단계의 핵심이라고 할 수 있다. 고객의 니즈를 충족시키기 위해 대안을 모색하다 보면 당신은 단순히 제품이나 서비스를 파는 사람이 아니라 성공을 도와주는 파트너라는 인식을 고객에게 심어줄 수 있다.

고객은 자신이 구매 결정의 주체가 되고 싶어 한다. 고객이 대안을 검토할 수 있도록 도와주면 해결책을 선택하는 과정에서 고객 참여도가 높아지고 그에 따라 구매 결정 욕구 또한 커진다. 이 과정을 통해 고객은 자신의 니즈에 가장 적합한 해결책을 스스로 선택했다는 만족감을 얻게 된다.

당신이 대안을 논의하기 위해서는 지금까지 고객이 시도해본 것들에 대해 질문하고 확인해야 한다. 이를 통해 효과가 있었던 것과 장애가 있었던 것들에 대해 확인을 해야 한다.

예를 들면 "지금까지 시도해 보신 것 중에 효과적이었던 것에는 어떤 것들이 있습니까?", "장애요소들로는 어떤 것들이 있었습니까?", "새롭게 시도하신다면 우선적으로 고려하는 것에는 어떤 것들이 있습니까?"라고 묻는 것이다. 이렇게 하면 고객이 그동안 시도해오면서 겪었던 애로사항과 앞으로 대안을 찾을 때 우선적으로 고려할 사항을 파악할 수 있다.

또한 "아무런 제약도 없다면, 어떤 선택을 하고 싶으십니까?"와 같은 질문도 고객에게 대안 논의의 범위를 확대하고, 최적의 안을 논의하는 데에 도움을 주는 좋은 질문이다. 하지만 아직 최종 해결책을 제시할 단계가 아니다. 여러 대안을 논의한 후에 당신의 의견을 말하고, 질문을 통해 고객이 그 대안에 대해 자신의 생각과 의견을 말할 수 있도록 해야 한다.

STEP 3
결정Decide

높은 성과를 올리는 영업인은 고객이 대안과 해결책을 찾도록 돕는다. 이제는 최종 의사결정 단계로 넘어가야 할 때다. 당신은 이제 고객이 스스로 결정을 내리도록 하는 데에 집중해야 한다. 그리고 앞의 두 단계를 성실하게 따랐다면 고객으로부터 "yes"라는 대답을 듣든 "no"라는 대답을 듣든 그것을 수용해야 한다.

많은 영업인들이 계약에 애를 먹는 경우가 있다. 그 이유는 계약을 성사시키려는 시도가 고객을 존중하지 않거나 불편하게 하는 것이라며 부담을 가지기 때문인 경우가 많다. 그러나 높은 성과를 올리는 영업인들은 계약이야말로 고객에게 줄 수 있는 가장 큰 선물이라고 생각한다. 그들은 상품이나 서비스를 판 것이 아니라 고객이 최선의 선택을 하도록 도와주었다고 여기기 때문이다.

다시 코칭 기법에 대한 이야기로 돌아가 보자. 코치는 고객을 도와 대화를 통해 해결책과 행동을 이끌어낸다. 어떤 사람들은 코칭이 그저 사람을 기분 좋게 만들어 주는 것이라며 거품으로 치부하기도 한다. 하지만 코칭의 핵심은 고객의 장점과 확신을 끌어내는 것이지 단지 기분 좋은 대화가 아니다. 코칭은 변화와 성장을 돕는 것이다. 이를 위해 목표를 정한 후, 잠재력을 끌어내고 실행력을 높여 그것에 도달하도록 하는 것이다. 그래서 성공적인 모든 코칭의 끝에는 실행 계획이 있다. 실행 계획은 궁극적으로 코칭을 받는 사람이 선택을 하지만 코치와 함께하는 경우도 많다. 이런 실행 계획은 실천을 강조하며 그 실행으로 인해 고객은 변화와 성장을 통해 성과를 경험하게 된다.

실행 계획과 실천이 없는 코칭은 코칭이 아니다. 고객의 실행을 돕기 위해 당신은 고객의 니즈에 맞춰 어떻게 그것을 충족시킬 수 있는지를 제안해야 한다. 그리고 그것은 지금까지의 상담 과정에서 얻은 핵심 정보들을 고려한 내용이어야 한다. 결정 단계에서 해결책을 제안할 때는 다음과 같은 것을 고려한다.

이점 말하기 상품이나 서비스의 이점으로 어떻게 고객의 니즈를 만족시킬 수 있는지를 설명한다.

간결하게 말하기 간결하게 요점 중심으로 말한다. 핵심만 말하고, 고객이 요구하지 않는 한 자세히 설명하지 않는다.

열정 보여주기 말의 템포를 빠르게 하고, 목소리에 변화를 주면서 자신감 있는 목소리로 말한다. 그리고 제스처를 보다 많이 사용해 회사와 상품, 서비스에 대한 열정과 확신을 보여준다.

고객에게 피드백을 요청하라

거절을 좋아할 사람은 아무도 없다. 다음 단계나 계약을 요청했을 때 고객이 어떻게 반응할지를 예측할 수 있다면 당신은 확신을 가질 수 있고 거절을 줄일 수 있을 것이다. 확인 질문은 이를 위한 좋은 방법이 된다. 고객의 피드백을 통해 당신이 제시한 것에 대해 고객이 어떻게 생각하는지를 알 수 있기 때문이다.

고객에게 피드백을 요청하는 것은 상담 과정 전반에서 가능하다. 상담을 하는 동안 고객의 피드백은 '결정'에 대한 실마리 역할을 하며, 이를 통해 상담이 끝날 즈음에는 계약을 요구할 수 있는 정보와 확신을 얻을 수 있다. 어떤 영업인들은 타고났든 훈련되었든 미세한 반응이나 움직임으로 고객의 속내를 읽어내기도 한다. 그러나 대부분은 좀 더 구체적인 확인 방법을 필요로 한다. 예를 들면 다음과 같은 질문들을 통해서 말이다.

"어떻게 생각하세요?"

"이런 방법은 어떠세요?"

이와 같은 질문들을 통해 고객의 의중을 파악하면 결정 단계에 한 걸음 더 다가갈 수 있다. 고객의 피드백을 통해 효과적으로 다음 단계로 나아갈 수 있는 것이다. 만일 고객의 피드백이 애매하거나 부정적이라면 당신은 좀 더 자세히 알아본 후, 제품의 이미지를 재구성하거나 필요에 따라 해결책이나 목적을 수정해야 한다. 그리고 고객의 피드백이 긍정적이라면 당신은 결정과 관련된 모든 우려와 불안을 씻어내야 한다. 피드백을 통해 고객이 당신에게 이미 결정 가능성을 알려주었기 때문이다. 이처럼 상담 과정 전반에서 피드백을 요청하는 것은 당신과 고객 모두에게 도움이 된다.

마무리는 고객이 결정하게 하라

마무리는 고객이 최고의 결정을 스스로 하도록 도와주는 것이 가장 좋다. 이것이 이상하게 들릴지도 모른다. 그러나 가장 유익한 결정은 강요를 하지 않고 고객 스스로 판단하고 결정하도록 안내하는 것이다. 고객은 당신이 모르는 어떤 분야에 전문가일 수도 있다.

당신은 물론 전문가로서 고객들에게 진정으로 도움을 줄 수 있는 많은 것을 가지고 있다. 하지만 당신이 제공하는 것이 모두 최상이라고 단정하기는 어렵다. 뛰어난 영업인들은 자신이 모르는 것이 많다는 겸손함을 지니고 있다.

구매 결정의 최대 수혜자는 고객이다. 따라서 코치로서 당신은 설득하거나 밀어붙이지 말고 고객 스스로 결정할 수 있도록 한 발짝 물러나 있을 필요가 있다. 고객들은 전통적인 클로징 기법을 원하지 않기 때문이다. 그렇다면 당신은 어떻게 마무리 질문을 해야 할까? 코치로서 당신은 다음과 같이 마무리 질문을 해야 한다.

"고객님의 의사를 다시 한번 타진해 볼 수 있는 시점은 언제일까요?"

"제가 고객님의 결정을 어떻게 도울 수 있을까요?"

"이것을 충분히 생각하신 후에 다시 약속을 잡는 것은 어떠십니까?"

"제가 고객님을 위해 더 해드릴 일이 있다면 어떤 것이 있을까요?"

마무리는 상담 활동을 매듭짓는 마지막 단계이다. 그 시간이 길든 짧든 간에 성공적인 마무리는 상담 활동에서 가장 큰 만족감을 제공한다. 마무리는 가능한 한 자연스럽게 고객 스스로 결정할 때가 가장 좋다.

구매 결정에 대한 확신을 심어줘라

마무리가 받아들여졌다면 고객의 의사결정을 강화시켜 주어야 한다. 예를 들면 "잘하셨습니다. 귀사의 생산성 향상에 반드시 도움이 되리라고 생각합니다", "앞으로 좋은 평가를 기대하겠습니다"와 같이 말이다. 확신을 심어주는 것은 두 가지 이유 때문에 매우 중요하다.

첫째, 누구나 중대한 결정을 한 다음에는 자신의 결정에 대한 의문을 갖는다. 예를 들면 고객은 '내가 과연 올바른 선택을 한 것일까?'라고 자문할 수 있다. 따라서 고객이 자신의 결정에 대해 안심하도록 해주어야 한다. 둘째, 거래 자체보다는 고객을 더 소중하게 생각하고 있다는 것을 보여주어야 한다. 이번 결정으로 고객에게 큰 도움이 될 거라는 확신을 심어준 다음 거래 성사에 대해 감사를 표하는 것이 좋다.

고객과의 이견은
성과로 이어지는 지름길

영업을 하다 보면 당연히 이견이 나오게 마련이다. 고객의 이견이나 우려가 타당한 경우도 있고, 말도 안 되거나 연관성이 없는 경우도 있다. 변명이나 핑계가 아닌 이견은 매우 논리적인 경우가 많다. 하지만 이견이 곧 기회다. 이견은 고객의 관심을 뜻하는 경우가 많다. 고객이 이견을 제기하는 것은 대개 오해 요인을 줄이려 하거나, 제품이나 서비스에 추가 정보가 필요하거나, 구매를 하는 데에 미심쩍거나 부족한 부분을 확인하려 하기 때문이다.

당신은 다양한 상황에서 이견을 능숙하게 처리해야 한다. 전화를 걸기 전, 프레젠테이션 하는 도중, 계약 직전, 때로는 전화를 끝낸 후에도 고객은 이견을 제기할 수 있다. 고객은 이해하지 못했을 때, 받아들이지 못했을 때, 당신이 한 말에 동의하지 못할 때에도 이견을 제기한다. 따라서 모든 이견에는 진지하고 철저하게 공감을 이끌어내는 방식으로 답해야 한다.

이견은 난제로 여겨지지만 유용한 목적으로도 활용할 수 있다. 고객과 영업인 사이에 생산적인 대화를 촉진하는 데에 도움이 되기 때문이다. 이견을 효과적으로 처리하면 고객에게 좀 더 좋은 인상을 줄 수 있고, 거래를 성사시킬 가능성도 그만큼 커지며 고객과 합의에 도달하기도 훨씬 수월해질 수 있다.

이견을 환영하라

긍정적인 태도는 이견을 효과적으로 처리하는 데에 필수적이다. 이견을 부정적으로 바라보는 영업인도 있지만, 뛰어난 영업인들은 그것을 대개 고객을 이해시키고, 고객에 대해 더 많은 것을 배우며, 고객을 어떻게 도울지 납득시키는 기회로 삼는다. 그리고 그들은 이견을 고객이 흥미를 갖고 있으며, 영업인과 협의를 이룰 준비가 되어 있음을 알리는 좋은 신호로 여긴다. 그들은 이견을 이야기를 계속할 수 있고 더 많은 정보를 취합하고 제시할 수 있는 기회로 생각하는 것이다.

그래서 뛰어난 영업인들은 어떤 이견이 나올지를 미리 예측하고 준비한다. 때로는 가장 흔히 제기되는 이견에 대해 대응 목록을 만들기도 하고, 이견을 성공적으로 처리하는 상담 기법을 개발하기도 한다.

경청하고 수용하라

뛰어난 영업인들이 이견을 극복하는 기법은 거의 비슷하다. 그들은 이견을 접할 때마다 무시하지 않고 받아들인다. 고객이 이견을 제기하는 것을 주저하는 듯 보이면, 오히려 고객을 격려한다. "제가 지금까지 말씀드린 것에 대해서 궁금하신 점이 있습니까?", "선생님께서 중요하다고 생각하신 이슈 중에 제가 미처 얘기하지 않은 것이 있습니까?"라고 묻는다. 그리고 필요하다면 고객이 이의를 명확히 제기하도록 돕는다. 그러면 좀 더 확실히 대응할 수 있기 때문이다.

이처럼 이견을 주도적으로 대하면 고객은 당신이 자신과의 비즈니스를 열망하고 있으며, 자신의 관심사를 염두에 두고 있다고 여기게 된다. 이때 당신은 고객의 이견에 주의를 기울이고 공감하고 있음을 표시해야 한다. 그리고 고객이 이견을 끝까지 설명할 때까지 끼어들지 말고 기다려야 한다. 고객이 이견을 말하는 동안 적절한 몸짓으로 주의 깊게 듣고 있음을 나타내고, 고객의 이견을 되풀이해 말함으로써 완전히 이해하고 있다는 것을 보여주어야 한다. 이런 태도가 바로 고객의 성공을 위하는 진정한 코치의 자세이다.

그리고 나서 이견을 평가해 고객의 의도를 파악해야 한다. 그런 이견이 나온 것이 고객이 무관심하기 때문인지 아니면 그저 잘못 이해했기 때문인지 말이다. 예를 들어 고객이 "우리는 지금 사용 중인 상품 서비스에 완전히 만족합니다"라고 말했다면 무관심하기 때문이라고 생각할 수도 있다. 하지만 고객이 "당신 회사의 제품은 우리 표준에 맞지 않아요"라고 말했다면 당신 제품이 제시할 수 있는 것을 오해하고 있는 것일 수도 있다. 이처럼 고객의 이의가 어떤 유형인지를 파악하고 나면 효과적인 대응이 가능해진다.

탐색하여 명확하게 밝혀라

이견을 명확하게 밝히기 위해서는 질문을 해야 한다.

"제가 방금 말씀드린 것을 어떻게 생각하십니까?"

"더 알고 싶으신 것이 있습니까?"

"선생님의 문제를 해결하는 데에 이것이 도움이 되리라고 보십니까?"

질문할 때에는 다음 사항들을 확실히 해야 한다.

이견이 어떤 유형인지 확인한다

고객이 당신 상품이나 서비스의 결점을 지적했다면 다른 특징이나 이득을 강조해서 그 결점을 축소시킬 수 있다. 고객이 당신 말을 오해했다면 추가 정보를 덧붙이거나 당신이 했던 말을 다른 방식으로 바꾸어 말하면 된다.

이견을 철저히 파악한다

고객의 이견에는 표현되지 않거나 확인되지 않은 니즈가 숨어 있을 수 있다. 그런 경우 당신은 체계적인 질문이나 탐색을 통해 그 니즈를 찾아내야 한다. 그리고 고객에 대해 더 많은 정보를 습득하여 고객의 니즈를 충족시키는 기회로 삼아야 한다.

의심이나 의혹을 완전히 표현한다

이견을 제기하는 것을 주저하고 있다면 탐색을 통해 고객이 마음을 열어 하고 싶은 말을 하도록 도와줘야 한다. 이렇게 하면 당신과 고객 사이에 정보 교환이 활발해져 더 끈끈한 관계를 맺을 수 있다. 뛰어난 영업인들은 "더 알고 싶으신 게 있습니까?", "어떻게 하면 좀 더 편안함을 느끼시겠습니까?"라고 질문한다. 이런 질문은 고객의 반응을 조작하는 것이 아니라 촉진하는 것이다.

당신은 고객의 이견을 섣불리 판단하거나 반박해서는 안 된다. 그보다는 진지하게 고객의 이견에 귀를 기울여야 한다. 어떤 고객의 이견이 다른 고객의 이견과 유사하다고 판단해 버리면 위험이 따를 수 있다. 판단이 잘못되면 고객을 위한 코치이자 전문가라는 믿음을 잃어버리고 물건 파는 것밖에 모르는 강매자가 되고 만다. 따라서 시간이 걸리더라도 이견을 정확히 탐색해야 한다. 당신이 이견을 덮어버리거나 무시하지 않고 진심으로 존중하고 집중해 주는 것을 고객은 높이 평가할 것이다.

그리고 고객의 이견을 이해했다면 당신은 그것을 해결하기 위해 적절한 정보를 제시해야 한다. 그리고 나서 당신이 제시하는 정보를 고객이 받아들였는지, 만족스러워하는지 확인해야 한다. "이렇게 하면 고객님의 이견이 해결되겠습니까?"라고 물어보는 것도 좋은 방법이다.

그런 다음 고객의 몸짓과 표정을 면밀히 관찰하고, 불만이 엿보이거나 이견이 계속되면 "고객님께서는 여전히 의구심이나 의혹이 있으신 것 같습니다. 완전히 만족하실 때까지 이 문제를 계속 고민하겠습니다"

라고 말해 자신의 의지를 드러내야 한다. 이와 더불어 이견을 효과적으로 다루기 위한 추가적인 다음과 같은 것들이 있다.

여러 가지 유형의 이견을 확인한다

이견을 다루는 가장 좋은 방법은 미리 예상하고 준비하는 것이다. 뛰어난 영업인들은 이견을 분류해 동료와 공유하는 경우가 많다. 고객의 이견에 대한 유형을 개발하려면 제기될 수 있는 이견 목록과 그에 따른 대응 전략을 짜는 것이 필요하다. 특정 고객이나 특정 상황에서 제기될 수 있는 모든 이견을 생각하고, 그것을 해결하기 위해 어떤 행동을 할 것인지 또는 어떤 말을 할 것인지를 결정해야 한다.

고객의 정직성을 존중한다

고객이 단순히 당신에게 동의하기 싫거나 까다롭게 굴고 싶어서 이견을 제기한다고 가정해서는 안 된다. 대부분의 이견은 고객이 그저 우려하는 것을 표현하거나, 구매 결정을 피하기 위한 것으로 대답할 필요가 없는 질문인 경우가 많다. 그런 경우에는 고객이 이견을 제기할 권리가 있고 이견을 제기할 정도로 정직하다는 것을 존중할 필요가 있다. 그렇게 하면 긍정적인 태도를 가질 수 있고, 이견을 영업의 일부분으로 받아들일 수 있으며, 고객을 대할 때 더 많은 인내심을 가질 수 있다.

논쟁하지 않는다

고객이 이견을 제기하면 당신은 자신이 취급하는 제품이나 서비스,

회사나 조직을 지키고 싶은 마음이 들 것이다. 그러나 그런 행동은 삼가야 한다. 고객과 적대적인 관계가 될 수 있기 때문이다. 오해가 있으면 명확히 밝히거나 증거 자료를 제시하여 당신 제품의 특징과 이득에 대한 추가 정보를 설명하면 된다.

협상 대상으로 삼지 않는다

이견에 대한 보상으로 무엇인가를 내주어야 한다고 생각해서는 안 된다. 이런 상태에서 바로 협상에 들어가면 이견을 누그러뜨리려는 목적으로 당신과 당신 회사에 유리하지 않은 조건으로 합의할 가능성이 높다. 협상은 영업 과정이 완료되고 제안이 상정된 후에 해야 한다.

오해가 많은 것보다
이해가 부족한 것이 낫다

뛰어난 영업인들은 오해가 발생하면 즉시 해결한다. 그들은 오해가 생긴 이유를 정확히 파악하고 오해를 빨리 푼다. 그리고 그런 오해를 다른 고객의 우려를 확인하는 기회로 활용한다. 한 가지 오해를 명확히 밝히다 보면 고객의 다른 우려가 드러나거나 더 큰 문제가 나타나기도 하기 때문이다. 따라서 오해를 가볍게 취급해서는 안 된다. 오해를 다루는 방법을 보면 영업인으로서 당신의 역량, 판매 스타일, 전문가적 센스가 자연스레 드러난다. 당신이 오해를 다루는 방법을 보면 고객은 자신의 우려가 당신에게 얼마나 중요한지를 알게 된다. 당신이 고객을 얼마나 가치 있게 생각하는지가 전달되기 때문이다.

원인을 찾아라

그렇다면 오해가 생기는 원인은 무엇일까?

부정확, 불충분한 정보 고객은 당신과 당신 회사의 조직 또는 당신의 상품이나 서비스에 대해 오래되었거나 불완전하거나 틀린 지식을 가지고 있을 수 있다. 혹은 당신의 경쟁업체에서 잘못된 정보를 입수했을 수도 있다.

나쁜 인상 당신이 고객에게 좋지 않은 첫인상을 주었을 수도 있다. 그리고 그것은 당신의 회사에 소속된 다른 영업인이나 고객서비스 담당 직원 혹은 일반적인 다른 영업인과의 교류에서 형성되었을 수도 있다.

충족되지 않은 니즈 당신은 고객의 니즈를 충족시켜 줄 수 있으나 미처 알아채지 못하고 있을 수도 있다. 이는 당신이 고객의 니즈를 확인하지 않았거나 고객과 니즈에 대해 논의하지 않았기 때문인 경우가 많다.

오해는 영업 활동 중 언제라도 발생할 수 있다. 당신은 오해가 생길 때마다 질문을 해서 고객이 어디서부터 잘못된 생각을 하게 되었는지를 찾아야 한다. 당신은 그런 오해가 당신의 말이나 행동에서 나왔는지, 당신 스스로를 표현하는 방법이 불명확했기 때문인지, 광고나 회사 홍보자료에서 생겼는지, 경쟁업체가 당신이나 당신의 회사와 조직에 대해 호도하는 말을 했기 때문인지 등을 확인할 필요가 있다. 오해의 근원을 찾아내면 대응책을 취할 수가 있고 다른 고객과의 교류에서 같은 오해가 생기지 않게 할 수가 있다.

오해를 정면으로 다루어라

오해를 다루는 가장 효과적인 전략으로는 다음과 같은 체계적인 3단계 접근법이 있다.

step 1 : 고객의 견해를 인정한다.
step 2 : 완전한 이해를 위해 탐색을 하고, 당신이 잘하고 있는지를 확인한다.
step 3 : 올바른 방향으로 나아갈 수 있도록 적절한 정보를 제시한다.

고객의 오해는 대체로 잘못된 믿음에서 나온다. 이런 경우에는 추가 정보를 제시하거나 시연을 통해 그 오해를 풀 수 있다. 가령, 당신 회사가 50%의 계약금을 요구한다고 추정하고, 고객이 제품 구입을 거절한다고 가정해 보자. 이런 경우 다음과 같이 대응할 수 있을 것이다.

"그런 요구가 부당하다고 느끼시는 것은 충분히 이해합니다. 그런 경우 다른 공급업체를 찾는 것은 당연합니다. 하지만 정확히 말씀드리자면, 저희 회사는 장기 고객님들께는 계약금을 요구하지 않습니다. 그리고 저희 회사는 확실한 고객님들께는 이자 없이 분할결제 방식을 제공하고 있습니다."

당신은 때때로 고객의 이견이 결점을 지적하는 것이 아니라 오해라고 생각하기도 한다. 그런 경우 곧장 고객의 오해를 고쳐주려고 시도한다.

"아뇨, 그건 사실이 아닙니다"

이런 표현은 고객에게 틀렸다거나 무식하다는 느낌을 줄 수 있다. 이것은 대화를 이끌어가는 좋은 방법이 아니다. 고객의 견해를 인정하는 것은 많은 장점이 있다. 그중 하나는 바로 영업인인 당신이 실수를 하지 않도록 해준다는 것이다.

숨은 니즈를 탐색하라

오해를 추적하다 보면 표현하지 않았거나 확인되지 않았던 고객의 니즈를 찾을 때도 있다. 이런 경우에는 오해 속에 숨은 니즈를 찾아 탐색하고 확인한 다음, 당신의 상품이나 서비스가 그것을 어떻게 충족시켜 줄 수 있는지를 입증해 보이면 된다. 위에서 언급했던 고객이 분할 결제 방식이 있다는 것을 알고 나서도 여전히 계약을 주저하고 있다고 가정해 보자. 그러면 숨은 니즈를 찾기 위해 다음과 같이 질문해 본다.

"저희가 제시해 드린 분할결제 방식에서 아직 마음에 걸리는 점이 있습니까?"
"고객님의 회사에서는 대체로 어떤 결제 조건으로 합의하십니까?"
"고객님의 회사에 이상적으로 잘 맞는 결제 조건을 직접 설정한다면 어떻게 설정하시겠습니까?"

이런 질문을 통해 당신은 그 회사의 결제 조건이나 단기간의 현금 흐름 등을 알아낼 수 있다. 그리고 고객에게 해당 니즈를 충족시킬 수 있다고 말할 때는 당신의 제품이나 서비스의 특징을 확인시키고, 고객에게 어떻게 이득인지를 입증해 보여야 한다. 예를 들면 다음과 같은 식으로 제안하는 것이다.

> "이렇게 특수한 상황이라면 저희의 융통성 있는 대금 결제 방식을 이용해 보시면 어떻겠습니까? 장기 계약 고객님들께는 초회 결제를 최장 3개월 이후로 연장시켜드리고 있습니다. 이 방법을 채택하면 3개월 동안에 추가적인 재정 부담 없이 생산성을 개선할 수 있을 겁니다"

고객의 니즈를 확인하면 고객으로 하여금 자신의 오해를 보다 긍정적인 관점에서 들여다보게 할 수 있다. 그러면 고객은 자신의 오해가 당신의 제품이나 서비스가 잘못되었기 때문이 아니라 스스로의 니즈에서 비롯된 것임을 인식하게 된다.

고객과 논쟁하지 마라

당신이 오해를 명확히 밝히려 하면 고객은 방어적인 입장을 취할 수도 있다. 당신이 제시한 정보나 설명을 선뜻 받아들이려고 하지 않을 수도 있다. 하지만 고객이 잘못되었음을 입증하거나 고객과 논쟁을 벌이는 것은 좋은 전략이 아니다. 이것은 관계에 타격을 줄 수 있다. 이런 경우에는 자신을 솔직하게 드러내고 차분하게 오해를 밝힌 다음, 필요하다면 표현을 바꿔, 했던 말을 되풀이함으로써 고객의 마음에 다가가기 위해 노력하고 있음을 확인시켜야 한다.

뛰어난 영업인들은 고객의 오해를 자신의 탓으로 돌리고 해당 이슈를 다시 한번 차근차근 돌아보게 해, 고객이 방어적인 태도를 취할 필요가 없도록 만든다. 명심할 것은 이기려 들지 말라는 것이다. 상호 이득이 되는 관계를 쌓으려면 반드시 필요한 일이다.

고객을 비난하지 마라

고객의 오해는 그 원인이 고객 자신일 때도 있다. 예를 들어 업계의 안 좋은 소문을 들었거나, 상품 설명서를 철저히 읽지 않아서 당신의 상품이나 서비스에 대해 그릇된 인식을 가졌거나, 이해를 가로막는 선입견을 가졌을 수도 있다. 그렇더라도 고객을 비난하는 태도는 절대 금물이다. 당신이 해야 할 일은 전문가 다운 태도로 고객의 오해를 바로잡는 일이다.

고객의 오해는 다양하게 나타날 수 있으며 앞에서와 같이 다양한 방식으로 대응이 가능하다. 마지막으로 한 가지 더 추가한다면, 상품이나 서비스에 대한 당신의 열정이 고객의 오해를 바로잡는 데에 도움이 된다는 것이다. 당신이 취급하는 상품이나 서비스를 신뢰할 수 있다고 생각하면 고객은 부정적인 소문을 덜 믿게 되고, 불완전하거나 부정확한 정보를 바탕으로 하는 이견을 가질 가능성도 적어진다. 상품이나 서비스에 대한 당신의 열정은 고객의 마음을 사로잡는 데에 강력한 힘이 될 수 있음을 명심하기 바란다.

chapter 6

위기의
근본 원인
해법 찾기

변화를 두려워하지 마라. 결코 배우기를 멈추지 마라. 트레이닝을 받고 새로운 기술을 익혀 활용
하여 차별화된 모습을 보여라. 그것이 영업인으로서의 성공 로드맵이다.
　　―솔로몬 힉스(Solomon Hicks : 보험영업인)

위기의 근본 원인은
어디에 있는가?

최근 20여 년간 영업에 관한 많은 연구들을 통해 영업인들은 영업의 성과 요인과 오류를 이전보다 정확히 파악할 수 있게 되었다. 이를 통해 우리는 그동안 믿어왔던 영업의 원칙과 기법이 근거가 없으며, 그로 인해 수많은 시행착오를 해왔음을 알 수 있게 되었다. 성과가 좋지 않은 원인에는 개인의 역량이나 노력 부족은 물론, 근거 없는 정보들도 한몫하고 있다는 것을 알게 된 것이다.

최근 들어 영업 관련 서적들의 제목에 '과학'이라는 단어가 자주 등장한다. 과학은 사물이나 현상 속에 존재하는 보편적인 원리나 법칙을 찾아내는 것으로, 객관적인 '데이터에 근거하여 측정 가능한 것'을 말한다. 그렇게 본다면 과학은 과학적인 방법론, 즉 실험을 통한 데이터나 가설의 검증과 같은 과정이 뒤따라야만 한다.

그러나 그 책들에서 과학은 제목의 일부에 지나지 않는다. 과학이라는 단어를 사용하지만 사실은 '어떻게 계약을 했는가?'와 같이 사례 중심의 일반화하기 어려운 내용들을 주로 담고 있다. 많은 영업인들과 관리자들이 그와 같은 성과에 대한 근거 없는 기법들을 아무런 의심 없이 받아들인 탓에 시행착오를 많이 저지르곤 한다. 시행착오란 잘못된 정보나 추측으로 인해 생긴다. 예를 들어 '영업은 다 똑같다'라는 생각도 고정관념에서 비롯된 것이다.

1970년대에 세계적인 세일즈 컨설팅사인 허스웨이트Huchwaite는 주요 다국적 기업들의 요청으로 고부가 가치 상품과 서비스 판매를 위해 효과적인 상담 기법을 연구하기 시작했다. 이 연구팀은 행동분석 기법을 적용하여 32개국의 50개 업종에서 35,000여 건의 세일즈 상담 사례를 분석하고, 6,000여 건의 세일즈 상담에 직접 동행해 복잡한 영업 상황에서 성공과 실패를 가르는 요인이 무엇인지를 관찰했다. 그 결과 소형 영업과 대형 영업은 접근 방법이나 기법에서 많은 차이가 있음이 확인됐다.

그러나 현장에서는 아직까지도 영업 형태의 구분 없이 동일한 영업 기법을 가르치고 있다. 이와 같은 영업에 관한 연구 결과들은 광범위하고 충실한 연구에 기초한다는 장점을 지니고 있다. 물론 영업교육 담당자들이나 경영자들이 검증된 영업 전략이나 최신 연구에 대해 모를 수도 있다. 하지만 자신이 지닌 정보가 불완전하거나 제대로 활용할 수 없는 것일 수도 있음을 인정해야 한다. 또한 고객들이 원하는 것에 대한 충분한 정보를 가지고 있지 않을 수도 있다. 게다가 제대로 된 정보라도 그것을 잘못 적용하면 시행착오를 불러올 수 있다. 잘못된 정보는 잘못된 결과를 낳게 마련이다.

이처럼 무작정 믿어왔던 정보만으로 상황을 판단하면 잘못된 결론에 빠지기 쉽다. "외향적인 영업인이 성과가 좋다"라는 말은 잘못된 정보로 인해 만들어진 대표적인 오류 중 하나다. 그것은 기본적으로 보편성에 어긋난다. 실적이 좋은 영업사원들 중에는 그렇지 않은 경우가 의외로 많기 때문이다.

우리의 비즈니스 문화에서 영업인은 외향적인 성격의 전형으로 인식되어 왔다. 그래서 대개 외향적인 사람들이 영업 분야에 뛰어들었다. 그리고 대부분의 영업 관련 서적들도 외향적인 성품과 사교적인 기질을 가져야 한다고 강조했고, 영업 인력을 채용할 때에도 이런 자질을 지닌 사람들을 선호한 것이 사실이다.

이에 대해 와튼스쿨의 경영학 교수이자 미국에서 최고의 사회심리학자 중 한 사람으로 꼽히는 아담 그랜트Adam Grant는 외향성과 관련된 연구를 통해 외향적인 영업인이 생산성이 높다는 오랜 믿음에 반기를 들었다. 그리고 2010년 〈하버드 비즈니스 리뷰〉지에 따르면 USC 비즈니스스쿨의 스티브 마틴Steve Martin 교수는 영업 전문가들을 대상으로 한 연구를 통해서 실적이 가장 좋은 영업인들은 사교성이 평균보다 낮은 사람들이었으며, 가장 사교적인 영업인은 성과 면에서 종종 가장 낮은 점수를 기록했음을 밝혀냈다. 또한 미시간 주립대학교의 머레이 베릭, 마이클 마운트, 티모시 등은 3,806명의 영업인들을 대상으로 한 35건의 연구에서 영업인의 외향성과 영업 성과 사이에는 연관성이 별로 없다는 사실을 밝혀냈다.

21세기 들어 인터넷과 비즈니스의 결합은 근무환경과 생활방식을 크게 바꾸어 놓았다. 새로운 기술 중 일부는 과거에도 이론적으로는 존재했었다. 그러나 인터넷은 그 이론을 현실로 만들어내 모든 것에 엄청난 변화를 가져왔다. 많은 사람들이 인터넷과 소셜 미디어를 실시간으로 이용하는 상황에서 영업 또한 큰 변화를 맞이하고 있다. 다양한 영업 역량과 새로운 정보를 빠르게 수용할 수 있는 지적 능력, 거래 관계를 잘 이끌어 나갈 수 있는 지혜를 갖춰야 하는 이유가 바로 여기에 있다.

이런 상황에서 당신이 가진 정보가 낡고 잘못된 것이라면 그건 이미 정보로서의 의미나 가치가 없다고 해도 과언이 아니다. 따라서 이 책을 읽고 있는 당신은 자신이 가진 정보가 시대에 뒤떨어지거나, 불완전하거나, 잘못된 정보가 아닌지 생각해 볼 필요가 있다.

인간은 올바른 신념과 정확한 정보를 갖지 못하면 자신이 원하는 대로 살아갈 수가 없다. 영업도 마찬가지다. 잘못된 신념과 정보를 가졌을 때 어떤 결과가 발생할지를 한번 상상해 보자. 잘못된 신념과 정보에 따라 최선을 다한다면 그것은 보나 마나다. 영업을 하지 않는 게 차라리 낫다. 중요한 고객이나 우호적인 고객을 잃을 수 있기 때문이다.

또한 자신이 믿고 있던 잘못된 정보가 무의식중에 습관이 된다면, 오류를 범하고도 그것이 오류라는 것을 모르기 때문에 아주 심각한 문제가 발생할 수 있다. 옳다고 믿기 때문에 고치지 않는 것은 물론이고 어디를 고쳐야 할지도 모르게 된다. 당신이 영업인들의 성장을 책임진 관리자라면 문제는 더욱 커질 수 있다.

영업 활동에 나쁜 영향을 주는 것은 대개가 모르는 사실들이 아니라 이미 알고 있는 상식들이다. 따라서 무엇이 오류이고 함정인지 서둘러 피드백을 구해야 한다. 피드백은 상사나 동료, 고객뿐 아니라 검증된 연구 결과를 통해서도 얻을 수 있다. 피드백은 잘못된 행동을 멈추게 하고, 그것을 올바른 행동으로 전환하는 방법을 알려준다. 피드백을 통해 검증을 해야 하는 이유가 바로 여기에 있다.

시대는 새로운
패러다임을 요구한다

최근의 영업 환경은 갈수록 고객과의 직접 대면 방식이 온라인상의 접촉 방식으로 바뀌는 추세에 있다. 따라서 미래에는 B2C든 B2B든 오프라인을 통해 거래할 수 있는 기회가 더 줄어들 전망이다. 아무리 훌륭한 상품과 서비스를 취급하더라도 영업인들은 시간이 갈수록 실적이 줄고, 고객들을 만나기가 힘들어질 것이다. 많은 지식을 지닌 고객들은 영업인들의 활동에 대해 더욱 비판적으로 바뀔 것이다.

영업인들은 이러한 상황에는 우선 한 발짝 물러나 현실을 직시할 필요가 있다. 영업인들이 추구하는 목표가 무엇이고, 어떻게 달성할 것인지를 곰곰이 생각해 본 후, 새로운 시각에서 현실을 바라보아야 한다.

영업이라는 직업이 생겨난 초기에는 공급업체의 수가 절대적으로 적은 반면 고객들은 많았다. 영업인들은 고객들을 만나 주문만 받아오면 되었다. 하지만 공급업체의 수가 늘면서 영업인들의 역할도 바뀌었다. 과거와는 달리 상품과 서비스에 대해 전문성을 갖추고 고객의 니즈를 파악하며, 고객과 친밀한 관계를 유지하는 것이 관건이 되었다. 이런 관계 중심의 영업은 골프나 각종 접대 문화가 발전하는 배경이 되었다.

이제는 상황이 완전히 달라졌다. 어떤 분야든 공급업체들로 넘쳐나고 새로운 업체들이 시장에 속속 진입하고 있다. 더욱이 인터넷의 발달은 고객들로 하여금 상품이나 서비스에 대한 정보나 특징들을 클릭 한번으로 쉽게 파악할 수 있게 만들었다. 결과적으로 시장의 투명성은 높아졌지만 가격은 낮아지고, 빠른 속도로 상품과 서비스의 범용화가 진행되고 있다. 이런 상황에서 그동안 거래를 해왔다는 것은 더 이상 경쟁력이 될 수 없다.

그럼 어떻게 해야 할까? 해답은 1부에서 자세히 언급한 바와 같이 '고객과 파트너 되기I am your best partner!'에 달려 있다. 단순히 상품 공급자의 역할을 넘어 고객의 이슈와 니즈에 대한 이해를 바탕으로 고객과 보다 깊은 관계를 만들어야 한다. 즉 '고객의 성공을 도와주는 것'에 초점을 맞춰야 하는 것이다. 그러기 위해서는 영업인과 영업인이 속해있는 회사의 성과에 집중하는 것이 아니라, 고객과 고객사를 어떻게 성공시킬 것인지에 목표를 두고 관심을 가져야 한다. 그리고 영업인들은 고객의 향후 비즈니스의 목적이나 개선 방향을 찾기 위해 새로운 영업 기법도 익혀야 한다. 흔히 영업이라며 몇 마디 질문을 던지고 고객의 단순한 니즈를 파악한 후, 공격적인 구매 권유를 하는 기존의 방식으로는 더 이상 성과를 내기 어렵다. 과거에 영업인들에게 필요했던 역량과 앞으로 영업인들에게 필요한 역량은 전혀 다른 것이다.

영업인들은 전문가로서 고객의 니즈에 대한 깊이 있는 지식을 가져야 하며, 그런 니즈들이 어떻게 변하는지도 파악해야 한다. 하지만 이것이 매우 타당하다고 생각함에도 불구하고 실적에 대해 압박을 받는 순간 당신은 이것을 머릿속에서 지워버린다.

영업인들에게 실적에 대한 압박감을 주는 것에는 경제적 문제, 경쟁, 인터넷 거래의 공존, 제한된 고객, 의사결정자 만나기 등이 있다. 하지만 이것들 중에서 고객 중심적인 것은 하나도 없다. 따라서 고객들이 영업인들에 대해 많은 불만을 가지는 것이 현실이다. 그중에서도 가장 많이 갖는 불만들은 다음과 같다.

- 정직하지 못하다.
- 내 비즈니스나 관심사를 파악하지 않고 있다.
- 대인관계 기술이 부족하다.
- 내 말에 진정으로 귀를 기울이지 않는다.
- 이미 알고 있는 것 이상의 정보를 제공하지 않는다.
- 변화를 따라오지 못하거나, 변한 것들을 알려주지 않는다.

현재 영업인들은 10년 전보다 훨씬 어려운 환경에 직면해 있다. 그럴수록 고객의 성공에 초점을 맞춘 영업이 필요하다. 뛰어난 영업인들은 고객의 성공에 초점을 맞춘 영업이 큰 효과가 있다는 것을 이미 입증하고 있다.

무엇이
성공과 실패를 가르는가?

날이 갈수록 고객들은 똑똑해지고, 이로 인해 보다 나은 선택의 기회를 가지게 되었다. 이제는 스마트폰 하나만으로도 고객들이 상품의 모든 것을 파악하는 상황에까지 이르렀다. 고객 입장에서야 더할 나위 없이 바람직한 현상이겠지만 영업인들에게는 큰 시련과 도전이 아닐 수 없다. 또한 높은 교육 수준과 많은 지식으로 무장한 고객들의 다양한 요구는 빠른 속도로 변화하고 있다. 과거와 같이 고객들을 대했다가는 낭패를 보기 십상이다. 영업의 성공과 실패는 궁극적으로는 이런 변화에 대한 요구를 수용하느냐, 수용하지 못하느냐에 달려 있다고 해도 결코 과언이 아니다.

영업의 진정한 목적을 찾아라

세계적인 미래학자로 손꼽히는 다니엘 핑크Daniel H. Pink는 '사람들이 영업을 진정 무엇이라고 생각할까?'에 대해 알아보기 위해, "당신은 '영업' 혹은 '판매'라는 말을 들으면 어떤 단어가 떠오릅니까?"라는 질문을 던졌다. 그 결과, 가장 많이 나온 대답은 '돈'이었으며, '판매'와 동의어라고 할 수 있는 명사들을 제외하면 '강요하는push'이란 단어가 가장 많았으며, '공격적인aggressive', '끈적끈적하게 달라붙는slimy', '진실성이 없이 지나치게 상냥한smarmy', '추잡한sleazy', '정직하지 않은dishonest', '교묘하게 조종하는manipulative', '거짓된fake'과 같이 부정적인 형용사들이 두드러졌다. 이러한 단어에서 알 수 있듯이 영업은 고객들을 불편하게 만들었다. 이는 영업을 겉과 속이 다르고 가식적인 행위라고 생각하기 때문이다.

그렇다면 영업인들의 영업 방식은 어떤 모습이어야 할까? 영업이라는 직업은 고객을 존중하며, 서비스 정신으로 무장하고 고객을 대해야 한다. 영업은 기본적으로 고객의 성공을 도와주는 태도와 기법을 습득하는 것과 깊은 관련이 있다. 영업인의 역할은 고객을 만족시키고 그들의 삶에 가치를 더하는 행위이기 때문이다. 그러나 현대의 많은 영업인들이 이것을 망각하곤 한다. 성과와 보상에 급급한 나머지 그 의미와 목적을 잊어버린다. 그러나 뛰어난 영업인이 되기 위해서는 영업을 단순히 성과나 보상의 문제로 인식하는 데에서 벗어나야 한다. 성과나 보상은 진정성을 가지고 고객의 성공을 위해 일할 때 나오는 결과물에 불과하기 때문이다.

지난날, 영업인들은 고객에 대한 관심을 어느 정도 위장할 수 있었다. 그러나 오늘날, 고객들은 너무나 현명해서 영업인이 자신에게만 이익이 되는 방향으로 상담을 끌고 가는 것을 즉시 알아차린다. 이와 같이 속 보이는 행위로 고객에게 부정적 이미지를 심어준다면 탁월한 실적은 고사하고 영업을 지속적으로도 영위할 수 없다.

영업인들은 진정성과 진실한 태도와 더불어 고객에게 초점을 맞추고 고객이 참여할 수 있는 기법을 개발하는 것도 필요하다. 고객에게 접근하기가 갈수록 어려워지고 있기 때문이다. 고객들은 매일 광고성 스팸 메일이나 전화, 메시지를 처리하기에 바쁘다. 게다가 고객들은 영업인들의 속을 뻔히 들여다보고 있다.

영업 기법을 바꿔라

지금까지 앞에서 설명한 것을 토대로 영업 기법을 한 단계 발전시켜야 하는 이유를 정리하면 다음과 같다.

- 고객들의 교육 수준이 과거에 비해 훨씬 높아졌다. 변하지 않은 영업인들은 더 이상 생존할 수 없다.
- 전통적인 영업 기법들은 다양한 영업 형태에 적합하지 않고, 고객의 저항을 불러와 만족스러운 결과를 내기 힘들다.
- 전통적인 영업 기법들은 고객의 성공을 도와주는 데 초점을 맞춘 것이 아니라 판매에 초점을 맞추고 있다. 현명해진 고객들은 등을 돌릴 수밖에 없다.
- 영업인들은 자신을 컨설턴트나 플래너라고 하지만 전통적인 영업인과

똑같이 행동하고 있다.

• 전통적인 영업 기법으로는 영업인의 진정한 목적인 '고객의 성공 도와주기'를 실행하기 어렵다.

이 정도 이유라면 영업 기법을 한 단계 발전시켜야 하는 필요가 충분하다. 어떤 분야든 변화를 하려면 행동을 바꿔야 한다. 행동을 바꾸려면 생각을 바꿔야 한다. 영업 기법을 변화시키려면 영업에 대한 생각부터 바꿔야 한다.

영업은 고객에게 상품이나 서비스, 솔루션을 제공하는 것 이상의 의미를 지니고 있다. 영업은 근본적으로 '고객의 성공을 도와주는 것'이다. 이런 의식의 변화가 행동을 변화시켜 줄 것이다.

훈련 방법의 함정을 극복하라

일반적으로 영업 관리자들은 영업 교육이 효과가 있고, 그것이 영업의 문제점을 해결해 준다고 믿고 있다. 아주 틀린 이야기는 아니지만 그것은 반쪽짜리 진실에 불과하다. 영업 교육은 지속적으로 진행하지 않으면 성과와 직결되지 않는다.

1970년대 말 허스웨이트Huthwaite consulting는 제록스Xerox Corporation에서 영업 교육에 대한 평가를 실시했다. 그들은 그 평가를 통해 당시 제록스가 처한 곤혹스러운 문제에 대한 해답을 얻고자 했다. 영업 교육의 결과로 영업인들의 기법이 얼마나 향상되었는지 측정하고자 한 것이다. 영업 교육이 끝나고 영업인들이 현업에 복귀했을 때 어떤 일이 일어나는가를 알 수 없었기 때문이다. 그것은 한 해 1,500만 달러 이상을 들여 영업 교육을 실시하는 제록스에게는 무척이나 중요한 문제였다.

그런데 연구 결과는 충격적이었다. 보고서American Society for Training & Development Journal에 따르면 영업인들은 지속적으로 훈련을 하고, 지식을 보강하지 않으면 배운 내용의 87%를 한 달 내에 잊어버린다고 나타났기 때문이다. 즉 교육만으로는 영업 능력을 크게 향상시킬 수 없었던 것이다. 현장에서 관리자나 코치 역할을 하는 사람, 동료 또는 고객의 지속적인 관찰과 피드백이 뒷받침되지 않으면 행동이 달라질 가능성은 매우 적고, 이는 곧 현장에서 배울 수 있는 환경이 조성되지 않으면 영업 기법의 향상이나 역량을 강화하기 어렵다는 말이다.

현장 학습이란, 강의실에서 이루어지는 영업 관련 이론이나 프로세스에 대한 개념 설명과 같은 것이 아니라, 현장에서 직접 영업 기법을 활용해 보고 여러 가지 시나리오를 반복해 보며 교정해 나가는 것을 말한다. 다른 말로 하면 이것을 '코칭'이라고 할 수 있다. 영업에서 코칭의 핵심은 관찰과 피드백이다. 이를 통한 지속적인 보강이 뒤따르지 않는다면 영업 이론과 지식을 현장에서 활용하는 것은 사실상 불가능하다. 물론 사내에서 받는 영업 교육은 사기를 높여줘 당신이 근속할 수 있도록 도움을 준다. 그러나 그것만으로 실적이 오르는 것은 아니다. 지금까지 많은 영업 교육 프로그램을 접해 보았지만 기대만큼 성과를 얻지 못한 이유가 바로 여기에 있다.

필자의 경험으로 보면 대부분의 영업 교육은 하나의 이벤트에 불과

했다. 영업 교육은 일회성 지식 보강이 아니라 끊임없이 행동을 교정하고, 강화하는 과정이어야 한다. 영업기법을 숙지하고 이해하는 것과 그것을 효과적으로 응용하는 것은 전혀 다른 문제다.

학습과 피드백에 초점을 맞춰라

필자는 영업 교육의 정의를 다시 내려야 한다고 생각한다. '고객의 성공을 도와주기 위해 영업인의 능력을 향상시키는 개별적인 코칭 과정'으로 말이다. 영업 교육은 사내에서 이루어지거나 단지 현장에 동행하는 것 이상의 개념이다. 하지만 이런 개념을 실천하는 것은 결코 쉬운 일이 아니다. 많은 영업 관련 이론이나 모델들을 받아들이기는 쉽지만, 실행하기는 쉽지 않다는 것을 당신도 이미 잘 알고 있을 것이다.

지금까지 대부분의 영업인들은 영업 모델이나 이론들을 실행하는 것이 아니라 그저 배우는 데에 그쳤다. 인간의 습성을 고려해 보면 행동의 변화를 필요로 하는 새로운 기술을 습득할 때는 상당 기간 동안 피드백과 지속적인 보강이 필수다. 여기서 당신의 행동 변화를 지원해 주고, 능력을 향상시켜 주는 것이 바로 피드백이다.

교육의 성과는 지속적인 관찰과 피드백을 통한 보강에 달려 있다. 고객과 통화 준비를 하거나 그에 대해 연습을 할 때 상사, 동료 그리고 가까운 친구들에게 피드백을 부탁해 보자. 피드백이 없다면 당신의 영업 능력이 효과적으로 발휘되고 있는지 알 방법이 없기 때문이다.

영업 성과는
행동에서 나온다

    필자는 영업을 수행하는 사람들이 개별 고객의 상황에 적합한 행동을 취함으로써 영업 성과를 높일 수 있도록 도와주는 일에 관심이 있다. 필자는 SBASales Behaviour Analysis : 영업 행동분석라 불리는 행동분석 기법을 개발해 기업들에게 소개하고 있는데, SBA는 (a)영업인들의 행동을 분석하고, (b)고객의 기대와 가치관을 분석하는 데 활용할 수 있는 도구이다.

    SBA를 활용하면 영업인들이나 영업팀의 현재 행동이 고객의 기대에 어느 정도나 부합되고 있는지를 판단할 수 있으며, 이를 통해 영업인들이나 영업팀의 시도에 대한 고객의 반응을 예측할 수 있다.

    또한 필자는 행동 동역학의 원리에 기반을 둔 SBA를 활용하여 사람들에게 필요한 행동 변화를 제안한다. SBA는 사람들로 하여금 자신들의 현재 행동을 파악한 후, 그를 분명하게 인식하도록 하고, 고객의 기대에 부응하기 위해 앞으로 어떤 식으로 행동해야 하는지를 알 수 있도록 한다. 자신들의 현재 행동과 앞으로 요구되는 행동 사이의 차이점을 비교할 수 있도록 하고, 변화를 추구하는 일에 대해 주인의식을 갖도록 하는 등의 기능을 한다. SBA를 활용함으로써 영업인들은 자신들과 관련된 문제를 명확하게 분석할 수 있고 지속적으로 성과를 개선해 나갈 수 있다.

행동 동역학'의 원리를 수용하는지의 여부에 따라 성과가 극명하게 달라지는 분야가 바로 영업 분야다. 행동 동역학의 기본 사상은 '성과를 만들어 내는 것은 그 사람의 생각, 느낌, 선호도가 아니라 그 사람의 실제 행동이다'라는 가정에 기반하고 있다. 직무 내용도 같고 같은 내용의 교육훈련을 받는 사람들이 서로 다른 성과를 내는 이유는 행동의 차이에서 온다고 본다.

지금까지 성격과 영업인에서의 성공 사이에 어떤 관계가 있는지에 대해 수많은 연구가 행해졌다. 이러한 연구 결과는 우리에게 여러 가지 흥미로운 시사점을 전해주고 있다. 그런데 많은 기업의 채용 담당자들이 이러한 연구 결과를 참고하여 영업 직원들을 채용하고 있는 실정이지만, 연구 결과의 실질적인 효용성은 매우 제한적이라는 게 필자의 판단이다.

영업인들이 영업 성과를 개선하고 싶다면 서로 다른 고객에게 맞추어 자신의 영업 방식을 계속해서 바꿔나갈 수 있어야 한다. 성격이란 좀처럼 바뀌지 않는 것이기 때문에 만약 성격이 영업 성과를 결정하는 것이라면, 영업인의 성공 여부는 처음부터 결정되어 있는 것과 마찬가지다.

---

* 인간의 행동 변화를 다루고 있으며, 인간의 행동을 분석하고, 설명하고, 예측하고, 통제하는 과학의 한 분야

하지만 사실은 그렇지 않다. 영업 성과는 영업인들의 행동에 의해 결정되는 것이며, 성격과는 달리 행동은 우리가 쉽게 바꿀 수 있는 것이다. 영업인들을 대상으로 하는 교육훈련 전문가들은 자신들의 목적이 프로그램 참가자들로 하여금 그전과는 다른 행동을 취하도록 하게 하는 것이라고 말한다. 하지만 이렇게 말을 하면서도 교육훈련 프로그램 자체는 성격검사 결과를 기반으로 구성된다. 성격이란 '누가 어떤 사람이냐'를 표현하는 것으로 이는 오랜 시간에 걸쳐 엄청난 노력을 기울이더라도 좀처럼 바뀌지 않는다.

만약에 당신이 MBTI 성격검사를 통해 ISTJ* 유형의 성격을 지니고 있는 것으로 판명되었는데, 당신의 현재 직업은 ENEP** 유형의 성격을 요한다고 가정해보자. 이런 경우에는 성공하기 위해 직업을 바꿔야만 하는 것일까? 현재의 직업이 요하는 성격이면 그 직업을 통해 쉽게 성공을 이루어내고, 현재의 직업이 요하는 성격이 아니면 성공은 거의 불가능한 것이 되는가?

어떤 사람의 성격을 이해하는 것은 분명 그 사람을 대하는 데 도움이 되는 일이다. 하지만 상대방이 자신의 성격검사 결과를 가슴에 써 붙이고 다니지 않는 이상 상대방이 어떤 사람인지 정확하게 알 수 없다. 결국 '상대방이 누구인가?', '어떤 사람인가?' 하는 문제는 우리에게 사실상 아무런 의미를 갖지 못한다. 반면에 상대방이 어떤 행동을 행하고 있는지는 관찰을 통해 분명하게 알 수 있다. 우리가 사람의 성격이 아닌 행동

---

* 내향 · 감각 · 사고 · 판단
** 외향 · 직관 · 감정 · 인식

에 초점을 맞추어야 하는 이유가 바로 여기에 있다.

영업인들은 고객이 무엇을 원하고 있고, 어떤 동기에 의해 구매 결정을 내리게 되는지를 간파할 수 있어야 한다. 그리고 자신의 행동을 개별 고객의 상황에 맞추어 변화시킬 수 있어야 한다. 이 과정을 얼마나 빠르게 할 수 있느냐에 의해 영업 성과가 결정된다. 영업인들을 대상으로 하는 교육훈련 프로그램의 목적이 더 높은 영업 성과를 이끌어내도록 도와주는 것이라면, 고객의 욕구를 파악하고 그러한 욕구에 맞추어 행동하는 법을 가르쳐주는 데 프로그램의 초점이 맞추어져야 한다. 성격검사에 프로그램의 초점이 맞추어져서는 안 된다.

영업 환경도 계속해서 바뀌고, 고객도 계속해서 바뀌고, 개별 고객의 욕구나 기대도 계속해서 바뀌게 마련이다. 따라서 영업인들을 대상으로 하는 교육훈련 프로그램은 프로그램 참가자들에게 이러한 변화 속에서 어떻게 각자의 행동을 변화시켜 나가야 하는지를 제시해 줄 수 있어야 한다. 비록 사람마다 특정한 행동 양식이 있기는 하지만 그러한 행동 양식은 잠시 접어둔 채, 영업 상황에 따라 자신의 행동을 빠르게 변화시키는 사람들이 높은 성과를 이루어낸다.

행동과 가치관

우리가 어떤 식으로 행동하느냐에 따라 상대방의 행동이 달라진다. 그리고 이는 영업인과 고객 사이의 관계에 있어서도 마찬가지다. 다양하게 전개되는 영업 상황과 계속해서 바뀌는 고객에 맞추어 자신의 행동을 변화시킬 줄 아는 사람들은 높은 성과를 내게 마련이다. 고객은 자신의 가치관과 신념을 잘 이해하는 듯한 행동을 보이는 영업인에게 우호적인 마음을 갖게 되어 있다. 고객으로 하여금 '저 사람은 딱 나와 같다'는 생각을 갖게 만들면 영업이 성공할 가능성은 크게 높아지는데, 고객의 가치관과 신념은 고객의 행동에서 드러나게 되어 있다.

영업인들에 대한 많은 조언들이 고객의 변화를 이끌어내라는 식으로 말하고 있다. 하지만 성공적인 영업을 위한 더 효과적인 방법은 고객에게 맞추어 자신의 행동을 변화시키는 것이다. 관념적으로 보더라도 뭔가를 파는 사람이, 뭔가를 사는 사람에게 맞추어주는 것이 더 옳다. 실제로도 고객의 변화를 이끌어내는 것보다는 자신의 행동을 변화시키는 편이 훨씬 더 쉽다.

어떤 고객이 사람들의 주목을 받고 싶어 하고, 개인에게 특화된 서비스의 높은 수준의 품질을 중요하게 생각한다고 가정해보자. 이와 같은 고객에게 뭔가를 판매하려 하면서 제품이 갖는 가격 대비 높은 가치를 강조해봐야 판매는 성공으로 이어지지 않을 것이다. 이 고객에게 뭔가를 판매하려면 다음과 같은 행동을 보임으로써 성공 가능성을 크게 높일 수 있다.

- 고객 앞에서 실수를 범하지 않고 체계적이고 안정적인 모습을 보여준다.
- 세세한 부분에 대해 주의 깊게 관심을 보인다.
- 성실한 자세를 보인다.
- 고객이 하는 말을 기록하고, 고객이 요구했던 바를 기억하여 들어준다.

사람들의 주목을 받고 싶어 하고, 개인에게 특화된 서비스와 높은 수준의 품질을 중요하게 생각하는 고객은, 영업인이 이와 같은 행동을 보인다면 그와 자신의 가치관과 신념을 잘 이해하고 있다고 생각하게 될 것이고 그와 거래를 하고자 하는 마음을 갖게 될 것이다.

이번에는 애프터서비스는 무료로 해주는 게 당연하고, 상품을 판매한 측에서 상품과 관련이 없는 문제를 해결하는 데에도 도움을 주어야 한다고 생각하는 기업 고객을 상대로 영업을 하는 경우를 생각해보자. 이 고객을 상대로 뭔가를 팔고자 한다면 다음과 같은 행동을 보여야 할 것이다.

- 고객사의 사업 내용에 관한 정보를 입수한 뒤, 그를 전반적으로 이해하고 있음을 보인다.
- 고객사가 겪고 있는 여러 가지 문제에 대한 정보를 입수한 뒤, 그를 해결하는 데 결정적으로 도움이 되는 방법을 찾아 제안한다.
- 기존에 판매한 상품에 대한 고객의 의견을 경청하고 필요한 경우 애프터서비스를 제공한다.
- 고객사의 업무 프로세스를 파악하고 있음을 보여준다.

예를 들어 내형 편의점 체인의 구매 담당사를 상내로 영업을 하는 경우, 그는 대학에서 수학이나 회계와 관련된 공부를 했을 것이고, 자신이 일하고 있는 조직에서도 가장 똑똑한 사람 중에 하나일 것이다. 그가 구매 결정을 하는 데 있어 가장 중요하게 생각하는 것은 아마도 제품 회전

율을 가장 중요하게 생각할 것이다. 편의점이라면 언제나 판매 공간 부족으로 고심하고 있기 때문이다. 이 점을 고려했을 때 숫자에 밝고 똑똑한 구매 담당 우호적인 마음을 갖게 하려면 단순히 "우리 제품의 품질이 가장 좋습니다"라고 주장하는 식으로는 별 효과가 없을 것이다.

삼각 김밥이든, 컵라면이든, 도시락이 되었든, 구매 담당자에게 예상되는 제품 회전율을 구체적인 수치를 통해 제시할 수 있어야 한다. 최근의 TV 광고로 인해 매출이 몇 % 증가하고 있고, 앞으로 추진하려는 판촉활동으로 인해 몇 %의 매출 증가가 예상된다는 식으로 말이다. 자사 제품의 재고를 충분하게 유지하는 경우 편의점 체인이 취하게 될 이익 규모를 구매 담당자에게 구체적으로 제시하는 것도 좋은 방법이다. 구매 담당자를 말로 요란하게 설득하는 방식보다는 판매하고자 하는 제품의 최근 판매 동향을 분석하고, 그를 도표로 작성하여 제시하는 방식이 영업을 성공으로 이끌 가능성이 훨씬 더 크다.

행동 분석

고객의 가치관과 기대를 분석하고, 동시에 영업인의 행동을 분석함으로써 특정 고객에게 적합한 행동과 적합하지 않은 행동을 구분할 수 있다. 분석을 해보면 고객의 가치관이나 기대와는 크게 다른 부적합한 영업 행동을 하는 사람들을 종종 발견하게 되는데, 이 경우 영업의 성공 가능성은 크게 낮아진다.

예를 들어 고객은 인간적인 교류를 중요하게 생각하고, 영업인과 업무만이 아니라 개인적인 일에 대해서도 대화를 나누고 싶어 하고, 자신의 문제에 대한 해결책이나 앞으로의 새로운 기회를 찾는 일을 영업인이 도와주기를 기대한다. 그런데 이런 상황에서 영업인이 고객에게 최신 제품에 대한 정보를 사무적으로 전달하기만 한다면 고객은 영업인에 대해 우호적인 마음을 갖기가 어려울 것이다.

영업 행동은 철저하게 고객의 가치관이나 기대에 맞추어야 한다. 어떤 고객은 영업이 제품 정보와 판매 보증 조건에 대해 자세히 말해주기를 바라며, 이와 관련된 대화라면 상당히 긴 시간을 보내도 좋다고 생각하는 반면에, 영업인과 인간적인 친분을 형성하기 위한 대화에는 조금의 시간도 허용하고 싶어 하지 않을 수도 있다. "제품에 대해서만 말씀하세요. 다른 이야기는 별로 관심 없습니다"라는 식으로 말이다.

하지만 많은 영업인들은 이러한 고객의 기대에 자신의 행동을 맞추는 게 아니라 교육훈련 과정에서 배운 대로만 영업 행동을 하려고 한다. '제품의 장점을 추려 간략하게 설명하되, 이것이 별 효과가 없다면 고객과 인간적인 친분을 쌓아라'와 같은 내용으로 교육훈련을 받고 언제나 이러한 방식으로 행동하려고만 한다면 지금 예로 든 고객에게는 제품 팔기가 어려울 것이다.

고객의 행동을 분석하고, 그로부터 고객의 가치관이나 신념을 알아내는 능력은 영업인들에게 있어서는 키다란 경쟁우위로 작용한다. 고객의 가치관이나 신념에 적합하도록 영업 행동에 변화를 줌으로써 고객의 호감을 사고, 이를 통해 영업의 성공 가능성을 크게 높일 수 있기 때문이다. 고객에게 성격검사를 해달라고 요청할 수는 없어도 고객의 행동을 관찰하고, 그로부터 고객의 가치관이나 신념을 알아내는 것은 얼마든지 가능한 일이다.

사례 연구

많은 기업의 영업팀에서 지금 설명하고 있는 개념을 바탕으로 고객에게 접근하고 있고 큰 성과를 이루어내고 있다. 이번 장에서는 필자가 알고 있는 I社 영업팀의 사례를 소개하려고 하는데, 익명으로 처리하려고 한다.

이 영업팀은 기업 담당 영업팀으로서 단 하나의 고객사를 대상으로 영업을 하고 있다. 고객사는 국내에서 영업하는 대형 은행인데, I社 영업팀을 통해 전산 시스템을 위한 하드웨어와 소프트웨어를 구매하고 있다. 영업팀이 고객사로부터 올리는 매출 실적은 만족스러운 수준이었지만, 더 높은 매출을 올리는 것이 가능하다는 판단을 내리고 있었다.

I社 영업팀과 고객사인 은행 간의 관계는 원만한 편이었다. 그러나 딱히 집어내지는 못해도 I社 영업팀은 고객사와의 관계가 완벽한 것은 아니라고 느끼고 있었다. I社 영업팀은 자신들이 고객사 측에서 자신들에게 기대하는 바를 제대로 제공하거나 보여주지 못하고 있다는 생각을 하고 있었다.

이번 사례에서 활용된 행동분석 기법은 SBA 기법인데, SBA 모델을 〈그림 6-1〉에 소개한다. 〈그림 6-1〉의 가로줄 '신뢰'에서 '파트너십'까지는 영업인 행동 속성이 응답 행동 속성 혹은 창의적 행동 속성을 어느 정

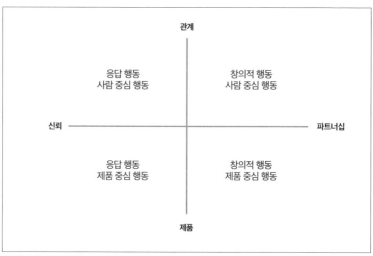

관계

응답 행동
사람 중심 행동

창의적 행동
사람 중심 행동

신뢰

파트너십

응답 행동
제품 중심 행동

창의적 행동
제품 중심 행동

제품

〈그림 6-1〉 SBA 모델

도 수준에서 보이고 있는지를 나타내는 지표이다.

응답 행동 속성을 더 많이 보인다는 것은 영업인이 제품이나 서비스의 품질에 관한 약속을 지키기 위한 행동에 더 치중하고 있다는 것을 의미한다. 응답 행동 속성을 더 많이 보이는 사람들은 자신이 팔고자 하는 제품이나 서비스의 특징에 대해 더 많이 연구하려고 하며, 영업인에 관한 직무 규정을 철저히 지키려고 한다.

그런가 하면 창의적 행동 속성을 더 많이 보인다는 것은 고객과 관련된 새로운 기회나 문제를 찾기 위한 행동에 더 치중하고 있다는 것을 의미한다. 창의적 행동 속성을 더 많이 보이는 사람들은 고객의 사업을 정확하게 이해하려고 하며, 자신이 팔고자 하는 제품이나 서비스가 고객에 의해 좀 더 혁신적으로 활용되고 더 큰 가치를 창출할 수 있도록 하는 방법을 찾아내려고 한다.

〈그림 6-1〉의 세로줄 '관계'에서 '제품'까지는 영업인의 창의적 행동 속성이 사람 중심 행동 혹은 제품 중심 행동 속성을 나타내는 지표이다.

사람 중심 행동 속성을 더 많이 보인다는 것은 영업인이 고객과 인간적인 관계를 형성하기 위한 행동에 더 치중하고 있다는 것을 의미한다. 사람 중심 행동 속성을 더 많이 보이는 사람들은 고객과 인간적인 관계를 맺는 것을 중요한 영업 전략이라 생각하고 있으며, 사회적인 네트워크를 구성하는 것을 자신의 핵심적인 직무로 인식하고 있다.

그리고 제품 중심 행동 속성을 더 많이 보인다는 것은 영업인이 고객에게 자신이 팔고자 하는 제품이나 서비스를 소개하기 위한 행동에 더 치중하고 있다는 것을 의미한다. 제품 중심 행동 속성을 더 많이 보이는 사람들은 고객들과의 만남은 업무적인 수준에서만 가지려고 하며, 자신이 팔고자 하는 제품이나 서비스가 고객에게 더 큰 가치를 창출한다는 것을 보일 새로운 기회를 계속해서 찾으려고 한다.

영업팀의 현재 행동

I社 사례를 통해 소개하려는 영업팀의 행동을 질문지를 통해 파악한 후 SBA 기법을 통해 분석했더니 〈그림 6-2〉와 같은 결과가 나왔다. 이 영업팀의 영업 행동은 신뢰 속성과 파트너십 속성 사이에서는 균형을 이루고 있으나, 관계 속성과 제품 속성 사이에서는 관계 속성 쪽으로 많이 치우쳐 있는 것으로 나타났다. 자신들이 팔고 있는 제품의 차별점이

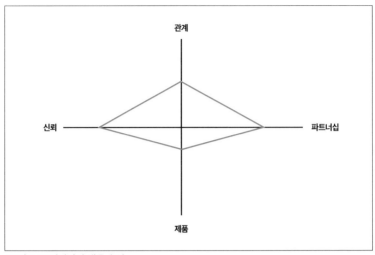

<그림 6-2> 영업팀의 행동 속성

나 제품을 사용함으로써 고객이 얻을 수 있는 가치에 대해 알리기보다는 고객과 인간적인 관계를 형성하는 것을 주된 영업 전략으로 삼고 있는 것이다.

고객의 가치관

영업 성과는 영업팀의 일방적인 노력만으로 이루어낼 수 있는 게 아니다. 영업팀의 행동이 고객의 가치관이나 기대에 부합될 때 이루어낼 수 있는 것이다. 모든 고객은 각각의 가치관이 있으며, 또 영업인들의 접근 방식에 관한 서로 다른 기대를 지니고 있다. SBA 분석을 해보면 어떤 고객은 영업인들이 제품의 특징과 거래 조건에 대해서만 간략하게

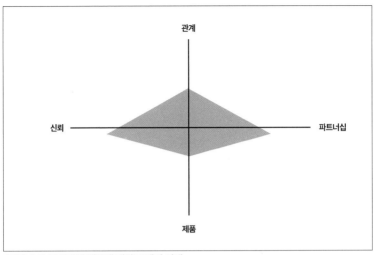

<그림 6-3> 영업팀의 행동에 대한 고객의 기대

설명해 주기를, 어떤 고객은 영업인들이 제품의 품질에 대한 확실한 보
장을 해주기를, 어떤 고객들은 영업인들과 인간적인 친분을 맺기를, 어
떤 고객들은 영업인들이 자신들의 문제에 대한 해결책을 찾는 과정에
적극적으로 참여해 영업인들이 파트너가 되어주기를 기대하고 있는 것
으로 나타난다.

〈그림 6-3〉에는 이번 사례에 나오는 영업팀의 유일한 고객인 은행 측
담당자들이 이 영업팀에 기대하는 바가 무엇인지를 SBA 기법을 통해 분
석한 결과가 나타나 있다. 〈그림 6-2〉와 비교해보기 바란다.

〈그림 6-2〉와 〈그림 6-3〉을 겹쳐놓으면 영업팀의 행동과 고객의 기대
사이에 어떤 차이점이 있는지를 확인해볼 수 있다. 〈그림 6-4〉를 통해
확인해보기 바란다.

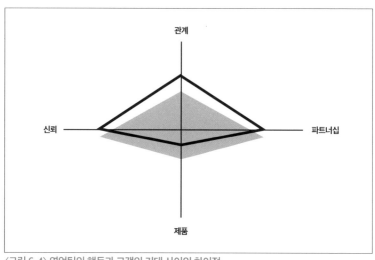

〈그림 6-4〉 영업팀의 행동과 고객의 기대 사이의 차이점

기대와 행동의 불일치

〈그림 6-4〉를 보면 고객의 기대와 영업팀의 행동은 서로 겹치는 부분이 상당히 넓은 것으로 나타나 있다. 그러나 앞부분에서도 지적했듯이 이 영업팀 사람들은 자신들이 고객사 측에서 자신들에게 기대하는 바를 제대로 제공하거나 보여주지 못하고 있다고 생각한다. 실제로도 이 영업팀의 행동은 고객의 기대에 비해 인간관계의 형성을 위한 행동 쪽으로 치우쳐 있는 것으로 분석되고 있다.

인간관계의 형성을 위한 행동이라면 고객사의 담당자들과 개별적으로 만나 개인적인 친분을 쌓고 그들이 필요로 하는 일을 해줌으로써 인간적인 신뢰를 얻는 것 등을 들 수 있는데, SBA 분석 결과 고객사인 은행 측의 담당자들은 영업인들의 이 같은 행동을 크게 기대하지 않는 것으로 나타나 있다. 그런가 하면 이 영업팀은 고객사의 담당자들이 다소 '냉정하며 친절하지 않다'고 느끼고 있었는데, 이에 대한 원인 역시 SBA 분석 결과가 말해주고 있는 것이다.

은행 측 담당자들의 기대와 가치관을 분석해보면 SBA 모델에 규정되어 있는 여러 유형 가운데 '냉정한 전문가'로 분류된다. SBA 모델은 '냉정한 전문가'들이 영업인들에 대해 가지고 있는 기대나 가치관을 다음과 같이 규정하고 있다.

- 제품이나 서비스의 판매와 관련하여 실수를 해서는 안 된다.
- 제품이나 서비스를 구매한다는 판단에 리스크가 있어서는 안 된다.
- 처음부터 약속한 품질의 제품이나 서비스를 공급해 주어야 한다.
- 반품을 잘해주는 것보다 거래 조건을 지키는 것이 더 중요하다.
- 심각한 문제가 발생하기 전까지는 기존의 공급자를 바꾸지 않는다.
- 제품이나 서비스의 공급자에게 기대하는 바를 구체적으로 명시한다.
- 공급자는 우리의 사업에 도움을 주기 위해 열심히 노력하고 연구해야 한다.
- 제품의 다양성보다는 공급자의 전문지식이나 기술이 더 중요하다.
- 내부 고객도 전문가이므로 그들을 전문가로 대우해 주어야 한다.
- 범용적인 제품이나 서비스보다는 특화된 제품이나 서비스를 공급해 줄 수 있어야 한다.
- 문제 해결에 효과적으로 도움을 주는 공급자와 거래 관계를 맺을 것이다.
- 제품이나 서비스의 공급자는 창의성을 보여주어야 한다.

이런 기대나 가치관을 가지고 있는 고객은 인간적인 친분을 맺으려는 시도에 대해서는 그리 큰 가치를 부여하지 않을 것이다. 그리고 영업인들의 다음과 같은 행동에 대해 더 우호적으로 반응할 것이다.

- 고객사의 업무 프로세스를 분석한다.
- 고객이 미처 알고 있지 못한 문제나 새로운 기회를 찾으려고 노력한다.
- 고객이 추진 중인 사업에서 강점과 약점을 찾아내어 제시한다.
- 고객이 추진 중인 사업의 속성을 이해하기 위해 별도의 시간을 내어 연구를 한다.
- 고객사의 사업이나 조직 상황에 관한 최신 정보를 입수한다.
- 고객의 사업에 관해 포괄적인 대화를 나눈다.
- 세부적인 사항에 대해서도 철저히 파악한다.
- 성실한 태도를 보인다.
- 업무를 체계적으로 추진함으로써 실수나 리스크를 최소화한다.
- 업무 절차를 자세히 설명하고, 그를 문서로 제시한다.
- 언제나 진실만을 말한다.
- 제품의 기능성이나 품질에 대해서는 절대로 타협하지 않는다.

평균치의 함정

평균치라는 것은 종종 사실을 감추기도 한다. 〈그림 6-2〉와 〈그림 6-3〉의 분석 결과는 영업 팀원들의 행동과 고객의 기대를 전체 조직 수

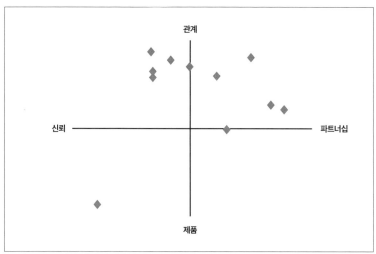

관계

신뢰 ——————————————— 파트너십

제품

〈그림 6-5〉영업팀 개별 팀원들의 행동

준에서 평균적으로 나타낸 것이다. 그런데 개별 팀원들의 행동을 따로 분석하여 산포도로 나타내면 〈그림 6-5〉와 같은 모양이 나온다. 〈그림 6-5〉를 보면 소수의 팀원들로 인해 평균이 왜곡되어 있다는 판단을 내릴 수 있다.

〈그림 6-6〉은 개별 직원 수준에서 고객사 담당자들의 기대와 영업팀 팀원들의 행동을 분석하여 표시해놓은 것이다. 동그라미 모양은 영업팀 팀원들의 행동을 마름모 모양은 고객사 담당자들의 기대를 표시해놓은 것이다.

〈그림 6-6〉을 보면 영업팀 팀원 대부분이 고객사 담당자들의 기대와는 다른 행동을 취하고 있다는 것을 알 수 있다. 영업팀의 생각과는 달리 고객사의 담당자들은 냉정하고 불친절한 것이 아니라 가치관이나 기대

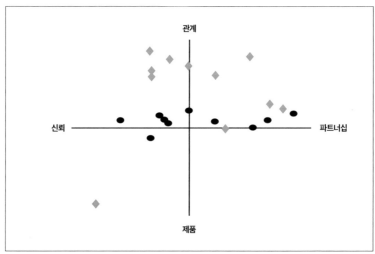

〈그림 6-6〉 영업팀 개별 팀원들의 행동과 고객사 담당자들의 기대

가 달랐던 것뿐이다. 고객사 담당자들의 가치관과 기대에 부합하고, 그들로부터 우호적인 반응을 이끌어내기 위해서는 영업팀 사람들이 기존의 행동을 조금 바꿀 필요가 있다.

고객이 중요하게 생각하는 것

고객이 영업인들에게 기대하는 것, 혹은 고객들의 가치관 가운데 일반적인 것을 속성별로 정리하면 다음과 같다.

파트너십

• 고객은 영업인들이 자신들의 사업 성과를 개선하는 일에 도움을 줄 수

있다는 점을 잘 모른다. 고객의 사업에 대해 이해하려는 노력을 기울인다면 영업인들도 고객의 사업 성과를 개선하는 일에 도움을 줄 수 있다.

- 고객의 사업을 제대로 이해하기 위해서는 적지 않은 시간과 노력을 투입해야 한다.
- 매번의 거래, 혹은 매번의 추가 주문은 건별로 다 다른 것이다.

제품

- 최대한 낮은 가격에 제품이나 서비스를 공급해 주어야 한다.

관계

- 거래 규모가 크다면 고객은 그에 상응하는 서비스를 받을 수 있어야 한다.
- 거래 규모가 큰 구매 건의 경우 인적 네트워크가 중요한 역할을 한다.
- 판매자 입장에서는 자사의 영업인들이 좀 더 세심한 서비스를 제공할 수 있도록 필요한 투자를 해야 한다.

신뢰

- 판매자 입장에서 추진하는 변화의 대부분은 제품의 품질과 고객 서비스 수준은 개선하는 것에 초점이 맞추어져야 한다.
- 경쟁자들이 제시하는 품질이나 가격을 기준으로 삼지는 말아야 한다.
- 거래와 관련된 리스크를 없애는 것은 매우 중요한 일이다.
- 서비스의 규격화를 통해 신뢰를 높이고 비용을 낮추어야 한다.
- 고객이 필요로 하는 것은 언제든지 공급할 수 있도록 준비해야 한다.

영업인들은 고객들의 기대와 가치관을 파악한 다음, 자신들의 영업 행동을 고객들의 기대와 가치관에 맞춤으로써 고객들로부터 우호적인 반응을 이끌어낼 수 있다. 그리고 고객들로부터의 우호적인 반응은 영업 성과의 개선으로 이어지게 마련이다.

SBA 기법을 통한 행동 분석 결과를 살펴본다면 영업인들은 쉽게 어떤 식의 행동 변화를 추구해야 하는지를 알 수 있을 것이다. SBA 기법에서는 질문지를 활용하여 영업인들로 하여금 자기 자신의 현재 영업 행동을 스스로 파악하도록 하고 있기 때문에 분석 결과를 쉽게 받아들이게 된다. 이번 사례의 경우 영업인들은 고객사의 담당자들과 인간적인 관계를 형성하기 위한 행동을 줄일 필요가 있다. 고객사 담당자들과 인간적인 관계를 형성하는 데 치중되어 있는 현재의 영업 행동은 고객사 담당자들의 기대나 가치관에 부합되지 않는 행동이기 때문이다.

변화에 대한 주인의식

변화를 추진하는 사람들은 변화에 대해 주인의식을 가져야 한다. 사람들은 다른 사람들의 아이디어나 제안에 대해서는 거부감을 갖게 마련이다. 영업인들의 경우도 새로이 제안된 영업 행동보다는 오래전부터 취해오고 있는 영업 행동을 고수하려는 경향을 보인다. 과거의 영업 행동은 일단은 검증된 것이고 또한 자신에게 익숙한 것이기 때문이다. 이와 같은 경향은 오랜 경력을 지니고 있고 지금까지 높은 성과를 내온 영업인들에게서 더욱 강하게 나타난다. 하지만 "우리를 괴롭히는 것은 우리가 모르고 있는 것들이 아니다. 우리를 괴롭히는 것은 우리가 잘못 알고 있는 것들이다"라는 말을 기억할 필요가 있다.

사람들은 과거의 행동 가운데 성공으로 이어졌던 행동을 계속해서 고수하려고 한다. 그것이 성공하는 방식이라는 것을 알고 있기 때문이다. 하지만 시간이 흐르고 상황이 변하면 과거의 성공 방식은 더 이상 성공 방식이 아닌 것이 된다. 그렇다고 상황이 변했다는 점을 알려주고 주변에서 새로운 제안을 해봐야 사람들은 그를 받아들이지 않을 것이다. 우리는 그들이 어떤 경험을 했고, 무엇을 알고 있는지 정확하게 모른다. 게다가 사람들은 주변 사람들의 말을 따르면서 현재의 위치에 올라선 것도 아닐 것이다.

사람들은 자기 자신의 아이디어를 좋아하고 그를 추진하고 싶어 한다. 따라서 사람들에게 직접적인 제안을 하거나 지시를 내리는 것보다는 그들이 변화에 대해 주인의식을 가질 수 있도록 돕는 편이 변화를 이끌어내는 훨씬 더 효과적인 방식이 될 것이다.

영업 행동은 고객에 따라 바꿔라

적합한 영업 행동이라는 것은 고객에 따라 계속해서 바뀐다. 고객들마다 서로 다른 기대와 가치관을 가지고 있을 텐데, 그러한 기대와 가치관에 부합되는 영업 행동을 취해야 영업 성과를 낼 수 있는 것이다.

교육훈련 과정에서 배운 영업 행동 혹은 과거의 성공적이었던 영업 행동만을 고수하지 말고, 바로 앞에 있는 고객이 어떤 영업 행동에 가장 우호적인 반응을 내보일까를 생각하자. 여러 가지 도구를 활용함으로써 고객의 기대와 가치관 그리고 당신이 취하고 있는 현재의 영업 행동을 파악할 수 있을 것이다. 그 둘을 일치시키기 위해서는 어떤 변화를 취해야 하는지도 파악할 수 있을 것이다. 변화의 출발점은 현재의 행동에 대한 파악이라는 점을 기억하자.

고객의 성공을 돕는
코치가 되자

급변하는 환경에 따라 영업에 대한 새로운 접근이 시작되었다. 과거에 영업인들은 정보 전달자이자 주문을 받는 사람으로 인식되었다. 하지만 컴퓨터가 비즈니스 환경에 큰 영향을 미치면서, 영업인들은 과거에는 생각지도 못했던 새로운 역량을 요청받게 되었다. 이런 변화에 따라 생겨난 영업 모델이 바로 '설루션 영업'이다.

기존의 영업이 상품과 가격을 중심으로 고객에게 푸시push를 하는 방식이었다면, 설루션 영업은 고객이 지니고 있는 문제에 대한 해결책을 제시하면서 상품의 효용과 가치를 판매하는 새로운 개념의 영업 방식이라고 할 수 있다. 설루션 영업은 IBM, Wang Laboratories, Xerox와 같은 하이테크 기업들을 통해 등장했는데 고객의 니즈, 특히 불편함을 유발하는 문제들에 집중하여 맞춤화된 설루션을 제공하는 데에 중점을 두었다. 그 결과 설루션 영업은 다음과 같은 영업 프로세스를 가정했다.

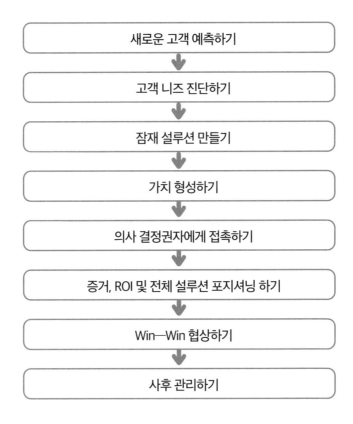

새로운 고객 예측하기

⬇

고객 니즈 진단하기

⬇

잠재 설루션 만들기

⬇

가치 형성하기

⬇

의사 결정권자에게 접촉하기

⬇

증거, ROI 및 전체 설루션 포지셔닝 하기

⬇

Win—Win 협상하기

⬇

사후 관리하기

하지만 설루션 영업이 급속히 다른 산업으로 전파되었음에도 불구하고, 단순 영업 스크립트에 의존한 나머지 고객들의 마음을 불편하게 하는 경우도 많았다. 게다가 이런 영업 활동의 효과는 거의 측정되지도 않았고 실증되지도 않았다. 더욱 안타까운 것은 설루션 영업이 성과를 내는 데에 실패하자, 그 실패의 원인이 영업인 개개인의 실행력 부족 탓으로 돌려졌다. 그러나 그런 한계에도 불구하고, 설루션 영업은 전통적 영업 방법과는 달리 구매를 권유하는 데에 집중하지 않고, 문제에 집중함으로써 영업의 수준을 한 단계 끌어올렸다.

그렇다면 설루션 영업에서 집중적으로 다룬 문제는 무엇이었을까? 그것은 다음과 같은 것들이다.

- 고객의 니즈를 아는 방법
- 고객의 니즈와 상품의 이점을 연결하는 방법
- 장기적인 관계를 위해 노력하는 방법

많은 영업인들은 설루션 영업을 정중한 고객 접근법으로 생각한다. 그러나 제대로 훈련되지 않은 영업인들이 이를 활용함으로써 그 의미를 퇴색시키고 있다. 가령, 고객들은 그들이 제공하는 상담 초반의 탐색 질문을 심문처럼 느낄 때가 많다. 이렇게 해서 이루어진 대화는 고객들에게 조작적이고 이기적인 모습으로 비쳐질 수 있다. 또한 일부 영업인들은 고객의 정보를 조금만 얻어내도 일방적으로 권유를 하기 시작한다.

필자는 설루션 영업이 전적으로 고객에게 초점을 맞추는 수준으로 진화하려면 개선이 필요하다고 생각한다. 많은 영업인들에게는 아직 넘지 못하고 있는 '결정적 순간'이 있다. 대부분의 영업인들은 고객을 발굴하기 위해 최선을 다한다. 그리고 고객의 니즈를 정확히 파악하기 위해 질문을 한다.

결정적 순간이란, 고객의 니즈를 파악하는 바로 그 순간이다. 많은 영업인들이 이 순간에 공격 모드로 돌변한다. 더 이상 귀를 열거나 질문하지 않고 클로징의 기회로 여긴다. 이 결정적 순간에 모든 것이 다시 원점이 되는 이유가 바로 여기에 있다. 그러나 다행히도 이 순간을 넘어서는 게 어렵거나 복잡한 것은 아니다. 코칭 기법을 접목하면 이 결정적 순간을 최고의 순간으로 만들 수 있다.

그렇다면 영업인으로서 코칭이란 무엇일까? 2000년대 초반, 국내에 들어온 코칭이라는 개념이 지금은 어린아이에서 성인, 직원에서 CEO에 이르기까지 폭넓게 활용되고 있는 실정이다. 우리는 스포츠나 연예계뿐 아니라 비즈니스나 삶에서도 코치를 만날 수 있다.

가령, 세계적인 골퍼인 타이거 우즈는 부치 하먼을 10년간 코치이자 캐디로 활용했다. 부치 하먼은 PGA에서 타이거 우즈와 경기를 해본 적도 없었고, 타이거 우즈처럼 타고난 재능도 없었으며 PGA에서 우승한 경험도 없었다. 그러나 부치 하먼은 타이거 우즈가 세계 최고의 골퍼가 되는 데에 큰 도움을 주었다. 오바마 대통령도 재임 기간 동안 100회 이상의 골프 라운드로 구설수를 불러일으켰던 그야말로 골프광이다. 그런 오바마 대통령도 부치 하먼을 찾는다. 부치 하먼은 타이거 우즈와 필 미켈슨, 아담 스콧 등 톱스타의 코치이기도 했다.

그는 한 인터뷰에서 "나는 나와 함께 한 선수들의 기록들을 자랑스럽게 여긴다. 그러나 그들은 나 없이도 훌륭한 선수가 될 수 있었던 사람들이다. 나는 적절한 시기에 우연히 그들을 도울 수 있었던 코치였을 뿐이다"라고 했다. 또한 그는 아이젠하워, 닉슨, 포드, 부시 등 역대 대통령과 라운드를 통해 교습을 하기도 했다.

이처럼 코치의 도움을 받으면 선수들은 미처 의식하지 못했던 부분을 발견하거나 깨닫게 된다. 코칭 과정을 통해 의식적으로든 무의식적으로

든 기술을 습득하고 능력을 발휘하게 되는 것이다. 코치의 성공은 선수의 성장과 성공 여부에 달려 있다.

필자가 진행하는 워크숍에서 나온 최고의 코치는 다음과 같은 모습을 가지고 있었다.

- 내가 도움을 필요로 하는 분야의 전문가다.
- 나의 성장을 위해 시간을 투자한다.
- 나를 존중해 준다.
- 나를 이해해 준다.
- 나의 말을 경청해 준다.
- 내가 자신감을 가질 수 있도록 도와준다.
- 내가 도전할 수 있게 용기를 불어넣어 준다.

이를 통해 코치가 추구해야 할 것이 '고객의 성공'이라는 것을 짐작할 수 있을 것이다. 코치는 변화와 성장 과정에 고객과 함께하면서 고객이 성공하도록 도와주는 파트너다.

여기서 유능한 코치들이 철저하게 지키는 세 가지 기본 원칙이 있다. 첫째, 고객에게 초점을 맞추고 둘째, 고객과 보조를 맞추며 셋째, 철저히 고객을 참여시킨다는 것이 그것이다.

유능한 코치들의 이 세 가지 원칙에는 고객을 움직이는 것이 무엇인가에 대한 진지한 고민과 관심이 반영되어 있다. 이 원칙의 핵심은 고객이 스스로 니즈를 탐색하고 최상의 설루션을 찾아냈을 때, 가장 실행력이 높고 유익한 결과를 만들어 낸다는 것이다. 이것은 삶이나 비즈니스에도 적용이 가능하다. 사람은 자신이 참여하지 않으면 절대 헌신하지 않는다.

좋은 상품이나 서비스를 팔았다면 고객은 당신을 좋은 영업인으로 생각할 것이다. 그러나 고객이 자신의 목표를 이루고 더 많은 수익을 내서 일이나 삶에서 발전하도록 도와줄 수 있는 상품이나 서비스를 팔았다면, 고객은 당신을 신뢰할 수 있는 코치로 생각할 것이다. 당신은 좋은 영업인이 될 것인가, 신뢰받는 코치가 될 것인가? 그 선택은 당신에게 달려 있다.

고수를 만드는
영업 교육
"Know Why!"

chapter 7

영업교육의
패러다임
바꾸기

자신의 방식으로 뭔가를 해나가는 것, 이는 위대한 일을 한 사람들에게서 흔히 볼 수 있는 점이다.
성공한 사람들에게도 결점은 있다. 다만 그들은 그 불리함을 유리하게 이용할 수 있는 길을 찾았
을 뿐이다. —시드니 프리드먼(Sidney Friedman : 보험영업인)

영업인들에게
새롭게 기대하는 3가지 요소

법적인 주 52시간 근무제 도입 후, 회사에서 지정한 교육시간이 근로시간에 포함되면서 직원의 교육에도 변화의 바람이 불고 있다. 특히 많은 기업에서 직원들에 대한 교육시간을 줄이는 움직임이 강하다. 이로 인해 영업 부문에서도 자체적으로 교육을 실시하는 기업이 늘고 있다.

영업인들에 대한 교육은 비즈니스 환경이 급변하고, 고객의 기대나 영업방식이 변하고 있어 종전의 교육 방법으로는 대처하기 어렵다. 교육담당자가 만들어 놓은 교육체계를 아무리 실천해도 현장에서는 좀처럼 성과가 나타나지 않는다. 적극적으로 개선하지 않으면 아무리 훌륭한 교육으로 계획을 짜고 진행했다 할지라도 차츰 '어찌 됐든 교육을 실시했다', '어찌 됐든 수강했다'라는 식으로 형식에만 치우쳐 본래의 목적을 잃게 될 것이다.

이렇게 격변하는 영업환경에서는 고객의 기대에 부응할 수 있는 영업활동을 실천하기 위해서 자사의 영업 전략과 결부시킨 교육을 위한 교육이 아니라 경쟁우위를 획득할 수 있는 장기적이고 전략적인 영업 교육이 필요하다.

새로워진 세 가지 기대

지금까지 영업교육에서는 주로 상품지식 습득 그리고 그 상품을 고객에게 잘 설명하고, 설득할 수 있는 스킬의 습득에 역점을 두었다. 따라서 상품지식은 당연히 영업활동의 전제조건이 된다. 그러나 상품이나 가격에 의한 차별화가 어려워진 현재 상품 설명형 영업으로는 한계가 있다. 영업환경이 변화됨에 따라 영업인들에게는 더욱 새로운 역할과 행동이 요구되고 있다.

〈도표 7-1〉 영업교육에 기대하는 내용의 변화

기대되는 요소	지금까지 기대했던 내용	새롭게 기대하는 내용
1. 지식	자사 상품 지식	고객 기업이나 경쟁 기업에 관한 지식 (수익상황, 시장 동향, 고객의 고객 등)
2. 스킬	설명할 수 있는 스킬	청취력, 프레젠테이션력, 고객 중심 사고, 창조적 사고
3. 태도	목표 달성 의욕	고객의 비즈니스 성공을 지원하는 열의

따라서 교육에 기대하는 내용도 〈도표 7-1〉과 같이 바뀌어 가고 있다. 영업교육 담당자는 단순히 영업인 양성이라는 교육에서 벗어나 도표의

'새롭게 기대할 수 있는 내용'까지 포함해 지식, 스킬, 태도를 모두 갖춘 영업인을 육성해야 한다. 즉 설루션을 제공하고, '파트너'로서 고객에게 신뢰받고 인정받는 영업인을 육성해야 한다는 의미이다. 이런 영업인 육성을 위해서는 종전의 교육 시스템이나 프로세스를 개혁해 '전략적인 영업교육체계'를 확립해야 한다.

현장에 맞지 않는 교육은
무용지물

우선 영업교육의 실태에 대해서 생각해 보면, 교육 부문은 교육 부문 나름대로 자사의 전략적인 과제를 인식해 비전이나 방침을 토대로 교육 커리큘럼을 작성한다. 자사가 지향하는 영업인 상을 이미지화하고 그 이미지를 구현시키기 위해 다양한 교육을 실시한다.

한편, 영업 부문에서는 현장의 과제를 안고 있다. 자사의 영업모델을 인식하건 못하건 간에 종전의 영업 방식으로는 경쟁에서 이길 수 없다는 점을 강하게 인식하고 있고, 달성해야 할 수치 목표도 있다. 당연히 영업인의 능력을 향상시키고 싶은 마음은 강하지만, 현재 상황에서는 교육 부문과 교육목적을 공유하거나 교육내용을 검토할 시간이 좀처럼 확보되어 있지 못하고 있다. 그래서 교육 부문이 개발한 교육은 현장의 니즈를 반영시키지 못하고 있을 수 있다.

이런 차이가 있는데도 불구하고 이를 보완하지 못하면 '시간만 빼앗기는 교육 따위는 필요 없다'라는 불만이 영업 부문에서 나오고, 교육

부문에서는 교육을 실시해도 생각처럼 효과가 나타나지 않아 고민하게 될 것이다.

영업 부문과 교육 부문의 상호 이해

지금까지의 영업교육은 이런 교육 부문과 영업 부문의 니즈가 일치하지 않는다는 구조적인 문제가 있었다. 특히 교육 부문이 영업 부문에서 독립한 경우, 이런 현상이 심하게 나타난다.

〈도표 7-2〉 교육부문과 영업부문의 교육에 대한 관심

관심을 가져야 할 것	지금까지		앞으로	
	영업부문	교육부문	영업부문	교육부문
고객의 기대, 경쟁사의 변화	○	▲	○	○
전략, 투자의 변화	○	▲	○	○
요구되는 능력과 현상의 차이	▲	▲	○	○
학습내용	▲	○	○	○
학습방법, 시간	▲	○	○	○
효과파악	▲	○	○	○

○관심이 크다 ▲ 관심이 약하다

〈도표 7-2〉는 두 부문이 교육에 어떤 관심을 갖고 있는지를 나타낸 것이다. 이 도표를 보면, 영업 부문은 고객의 기대나 전략 등 현장의 변화

를 감지하는 실천 측면의 관심이 높다는 것을 알 수 있다. 한편, 교육 부문은 학습 내용이나 방법과 그 효과 등 교육 자체에 대한 관심이 높다. 그리고 양쪽 모두 자신이 관심을 보이는 부분은 상대적으로 상대가 낮은 관심을 보이고 있다. 더욱이 양쪽 부문 모두 교육해야 할 능력과 현상의 차이에 대해서는 충분히 인식하지 못하고 있다.

교육 부문은 조직에서의 방침뿐만 아니라 먼저 현장의 영업 과제를 정확히 파악하고 이해해야 한다. 아무리 훌륭한 커리큘럼이라 해도 현장에 맞지 않으면 아무런 효과가 없다. 그리고 영업 부문은 교육을 통해 해결해야 할 항목을 정리해서 교육 부문에 정확하게 전달해야 한다. 교육 부문은 교육의 전문가 집단으로 인재 육성 방법이나 노하우를 많이 보유하고 있다. 영업 부문의 니즈를 정확히 파악하는 일만 가능하다면, OJT와 연동시켜 훌륭한 교육을 실시할 수 있을 것이다.

조직을 총동원한 교육의 중요성

영업혁신을 성공으로 이끌기 위해서는 목표를 향한 전사적인 의식 통일과 구심력이 요구된다. 고객과의 상호 이익이 되는 파트너십 확립에 힘을 모아 자사의 영업모델을 실천할 영업인이나 지원해 줄 구성원에게 요구되는 역할과 능력을 분명히 밝힌 후, 필요한 수준의 교육을 실시한다.

교육 부문이나 영입 부문도 본래의 교육목적은 같다. 서로 이해하면서 협력하는 것은 당연한 일이다. 그렇기 때문에 최고경영자의 강한 의

사표시도 필요하다. '무엇을 교육할 것인가?', '왜 교육하는가?;, '누구에게 어떻게 실시할 것인가?. '기대하는 성과는 어떤 것이고, 어떻게 파악할 것인가?' 등 이런 질문에 해당 부문 담당자나 최고 경영자는 명확히 대답할 수 있어야 한다.

교육은 투자이지 단순한 경비 지출이 아니다. 확실한 목적을 갖고 성과를 이루어낼 수 있도록 조직에서 새로운 영업교육 체계를 확립해야 한다.

행동에 대한
정의부터 다시하자

행동을 기술적으로 정의하자면 '살아있는 생물의 모든 활동'이라고 말할 수 있다. 좀 더 쉽게 설명하자면, 죽은 사람이 할 수 있다면 그것은 행동이 아니다. 대부분의 인간 행동은 관찰과 측정이 가능한 행동으로 정의된다. 우리는 사람들이 무언가 하는 것을 보고 싶어 하기 때문에 우리가 관심을 가지는 대부분의 행동은 측정과 관찰이 가능하다. 그러나 혼자만의 독백, 생각, 느낌 같은 내면적인 행동도 행동으로 간주한다. 이는 개개인에게는 내면적 행위가 일어날 때마다 셀 수 있고 관찰, 측정할 수 있기 때문이다.

행동은 좋을 수도, 나쁠 수도 있고 생산적일 수도, 비생산적일 수도 있으며 중대할 수도, 사소할 수도 있다. 이 책에서 사용하는 행동이란 개인이 하는 모든 것을 일컫는다. 행동은 관찰이 가능하기 때문에 셀 수 있다. 행동의 이러한 특성은 행동을 신뢰 있고 효율적인 관리가 가능하기 때문에 상당한 가치를 조직에 제공할 수 있다. 행동은 관찰을 통해 분석

가능하며 그 가치를 계산할 수 있다.

영업인들의 가치 있는 행동은 특정 상황에서만 결정될 수 있다. 특정 조직에서 한 행동의 가치는 그 조직의 산출물과 행동의 관계에 의해서만 결정된다. 성과를 소중히 여기는 곳에서는 그 성과 달성에 기여하는 행동을 가치 있는 것으로 여길 것이다. 반면, 하찮은 행동이나 성과 달성에 반하는 행동은 대개 시간 낭비로 간주된다.

연구원이 작업장에서 책을 읽고 있으면 가치 있는 행동이 될 수도 있고, 그렇지 않을 수도 있다. 그가 신제품 아이디어를 얻기 위해서 전문 서적을 읽는다면 가치를 산출하는 행동을 하는 것이다. 그러나 소설을 읽는다면 가치를 산출하기 위한 행동이 아니다. 미소 짓는 단순한 행동도 마찬가지다. 사무실에서 직원들을 좀 더 자주 웃게 하는 작업은 약간의 가치를 가질 수 있지만, 같은 미소 짓는 행동도 고객 응대 같은 상황에서는 상당한 가치를 가질 수 있다.

일반적으로 단순한 행동들은 가치 있는 것으로 여겨지지 않지만 그렇지 않은 경우도 자주 있다. 소비자에게 어떤 상품을 사도록 제안하는 것은 영업 상황에서 매우 중요하다. "감자튀김도 같이 드릴까요?"라고 고객에게 물어보는 단순한 행동은 수익성에 상당한 기여를 할 수 있다. 그러나 그것이 하기 쉬운 행동이라 해서 누구나 쉽게 할 수 있는 것은 아니다.

다음은 행동이 아닌 것이다. 다음에 제시된 네 가지 사항에 포함된 내용의 의미를 잘 파악하면 관리자들이 원하는 영업인들의 행동을 만들어 나가는 데 도움이 될 것이다.

통칭은 행동이 아니다

불행히도 많은 사람들이 '행동'에 대해 언급할 때 그 정의가 정확하지 않은 경우가 많다. 예를 들면, 수행 평가에서 관리자들로 하여금 영업인들의 행동에 대한 평가를 하도록 요구하고 있으나 사실은 행동이 아닌 것들에 대한 평가를 하도록 하는 경우가 많다. '전문성', '창의성', '팀워크', '열정', '커뮤니케이션의 질' 등과 같은 용어는 일종의 통칭으로 하나의 단어에 여러 가지 행동을 포함하고 있다.

이러한 통칭으로는 구체적으로 어떠한 행동을 말하는 것이지 파악하기 어렵다. 이러한 용어 외에도 '판매', '모니터링', '검토', '위임', '감독', '관리', '주인의식', '적극성' 등의 용어도 통칭에 해당되며 어떤 구체적 행동을 유발하는지 파악하기가 어렵다. 만약 영업인들에게 무엇인가를 지시할 때 이와 같이 부정확한 용어를 사용하게 되면 영업인들에 따라서는 여러 가지 다른 의미로 해석할 수 있다.

많은 영업 관리자들이 자신의 지시가 명료한 것이라고 생각할지 몰라도, 영업인들 입장에서는 구체적으로 어떠한 행동을 하라는 건지 파악하기 어려울 때가 있다. 예를 들면 "어떻게 하든지 상관하지 않을 테니 목표만 달성해"와 같은 지시는 '일을 끝내기 위해 구체적으로 어떤 행동을 해야 하는지 영업인들은 알고 있다'고 하는 지시인데 이것은 올바른 지시라 할 수 없다. 심지어 "목표 달성을 어떻게 해야 하는지 내가 말해 주어야 할 것 같으면 내가 영업인들에게 월급을 줄 이유가 없지"와 같은 말을 하는 영업 관리자들도 있다. 실패한 조직에 관한 문헌들을 살펴보면 이러한 종류의 지시가 만연해 있는 것을 알 수 있다.

태도는 행동이 아니다

기업의 관리자들은 '안전의식', '품질의식', '비용 절감 의식' 등 의식에 관심이 많다. 이러한 표현들은 대체로 태도attitude를 의미한다. 그런데 문제는 이것들이 사람들의 마음mind에서 오는 것으로 생각되기 때문에 실용적으로 무엇인가를 하기 힘들다는 것이다. 이러한 표현들은 구체적인 행동에 대한 표현이 아니라 수많은 행동 및 과업들을 뭉뚱그려 표현한 것이다. 또한 이러한 표현을 사용하는 사람들은 사람마다 그 의미하는 바가 다르다.

예를 들면 '안전의식'은 머리 위에 파이프가 있는 곳을 지날 때는 머리를 낮추는 것, 기계에서 나오는 유출물을 깨끗이 닦는 것, 보안경을 착용하는 것, 다른 작업자에게 위험에 대해 경고하는 것 등 수많은 다양한 행동을 포함할 수 있다. '품질 의식'에는 원자재의 품질검사, 기계 작동 검사, 조립라인의 점검 등 그 이외의 다양한 행동을 포함할 수 있다. 마찬가지로 '비용 절감 의식'이라고 한다면 장비 사용 후의 전원 차단, 장비 유지, 관리, 업무 개시 전 기계 상태 점검 등 많은 행동을 포함한다.

어떤 '의식'에 대해 말한다는 것은 이와 같은 수많은 행동을 포함하기 때문에 사람마다 그 의미가 달라질 수 있다. 따라서 의식, 태도 등과 같은 표현은 구체적인 측정이 불가능하며 수행에 대한 구체적인 기준을 제시하지 못한다.

상태는 행동이 아니다

'상태'와 '행동'을 구분하는 것 역시 중요하다. 상태란 행동의 결과로서 존재하는 고정된 상황이다. 보호안경을 쓰고 있는 것은 상태다. 반면 보호안경을 착용하는 동작은 행동이다. 의자에 앉아 있는 것은 상태이고, 앉고 일어서는 동작은 행동이다. 상태에는 동작이 요구되지 않는다. 대게 어떤 상태가 되기 위해서는 동작이 필요하지만, 그 상태가 되고 나면 더 이상 동작은 필요하지 않다. 일단 잠이 들고나면 수면을 계속 유지하기 위한 어떤 동작이 요구되지 않는다. 따라서 의자에 앉으면 계속 앉아있기 위해 더 이상 요구되는 동작은 없다. 문제는 특정 상태를 만들어 주는 행동이 관리자가 원하는 종류의 바람직한 행동이 아닐 수 있는 사실이다.

가치는 행동이 아니다

기업에서 '미션mission', '비전vision', '가치value' 등을 정리하는 것이 리더십 기능 중의 하나이다. 미션, 비전, 가치관은 기업으로 하여금 그들의 기능을 명확히 하고, 앞으로 나아갈 방향을 설정할 뿐만 아니라 기업이 추구하는 성공적인 결과를 이루게 하는데 무엇이 용납될 수 있는가에 대해 명확한 메시지를 전달할 수 있게 해준다.

그러나 미션, 비전, 가치관을 명확히 정한다는 것만으로는 대부분의 조직에서 필요로 하는 행동에 영향을 미치지 못한다. 이것은 많은 조직이 미션, 비전, 가치관에 대해 명확히 하였음에도 불구하고 윤리적, 경제적 측면에서 문제를 일으킨 적이 있었다는 사실로 쉽게 알 수 있다.

다시 말하면 기업의 미션, 비전, 가치에 대해서는 아무리 강조해도 충분하지 않다. 최고경영자들이 미션, 비전, 가치와 구체적인 행동을 적극적으로 관리하지 않는 한, 부정적 결과는 여전히 나타날 수밖에 없다.

'정직'이라는 가치는 행동이 아니다. 그것은 여러 가지 행동의 집합이라고 할 수 있으며 보는 사람의 입장에 따라 다르게 해석될 수 있다. 예를 들면 당신은 자신이 정직하다고 생각할지 모르지만 다른 사람들은 당신을 정직하지 않다고 생각할 수도 있다. 이것은 아마 다른 사람들이 당신의 하는 행동 중 어떠한 행동을 보느냐에 따라 달라질 것이다. 정직성과 관련된 당신의 다양한 행동 중, 어떠한 행동에 초점을 맞추느냐에 따라 당신이 정직할 수도 있고 아닐 수도 있는 것이다.

'팀워크'라는 개념 또한 조직에서 중요하게 여기는 가치관 중에 하나다. 그러나 이 또한 하나의 행동이라기보다는 다양한 행동이 모여 있는 행동의 집합이다. 조직에서 흔히 하는 "우리는 팀워크가 약해"라는 말은 사실상 많은 의미를 내포하고 있다. '팀워크'라는 개념이 측정 가능하고, 관찰 가능하도록 구체적인 행동으로 세분화되지 않는다면, 그것을 끌어올리기 위해 무엇인가를 하려는 노력은 수포로 돌아갈 수밖에 없다.

말로만 표현된 기업의 가치는 조직 내에서 자리 잡기 어렵다. 만약 당신이 조직에 성과를 가져다주는 데 필요한 행동에 대해 파악할 수 있다면, 그렇지 않은 관리자에 비해 상당히 유리한 위치에 와 있다고 할 수 있다.

체계적인 교육계획체계를
어떻게 구축할 것인가?

체계적인 교육체계는 어떻게 구축할 것인가? 다음과 같이 6단계로 나누어 설명하겠다.

Step 1 : 영업교육은 영업 전략과 연결한다.

Step 2 : 전략을 구현할 영업인 상을 명확히 제시한다.

Step 3 : 교육 니즈를 명확히 파악해서 체계를 구축한다.

Step 4 : 한정된 리소스로 효과적이고 효율적인 커리큘럼을 개발한다.

Step 5 : 교육 후 follow-up과 코칭을 한다.

Step 6 : 교육 효과를 측정한다.

영업교육은 전략과 연결한다

〈도표 7-3〉은 영업 부문에서 전략적 인재 육성을 재구축할 때의 전체

〈도표 7-3〉 상호 이익이 되는 파트너십 확립을 위한 전략적 인재 육성의 흐름

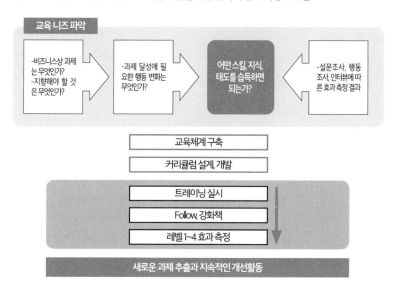

상을 제시한 것이다. 프로세스의 첫 번째는 전략과 연동시킨 교육체계를 지향하는 것이다. 혁신을 리드할 수 있는 영업 부문의 인재를 육성하기 위해서는 이 단계에서 자사의 비전이나 경영전략, 영업전략을 바탕으로 한 교육 방침을 설정하고 교육체계의 방향을 결정지어야 한다. '비즈니스 상의 과제는 무엇인가?', '지향해야 할 것은 무엇인가?'를 명확히 제시하고, 어떤 영업인 상을 제시할 것인가 하는 기준을 설정한다.

전략을 구현할 영업인 상을 명확히 한다

전략을 바탕으로 방향을 결정지었다면 목표로 하는 활동을 몸소 실천할 인물의 이미지를 명확히 제시해야 한다. '과제 달성에 필요한 행동 변

화', '습득해야 할 스킬·지식·태도' 등 전략을 구현하기 위해 요구되는 영업인의 능력을 그려내야 한다. 이때 각 능력에 맞는 레벨을 설정해 두면, 교육 포인트를 명확히 할 수 있고 효과를 높일 수 있다.

교육 니즈를 명확히 파악해 체계를 구축한다

명확히 제시된 영업인상과 현실의 능력을 대조해 보고 그 차이를 통하여 교육 니즈를 찾아낸다. 전략을 수행한 후, 영업인의 강점·약점을 분석하고, 개선을 위한 교육체계를 구축한다. 그렇게 하기 위해서는 우선 영업인의 능력 제고가 필요하다. 객관적인 평가를 하기 위해서는 외부 전문 기업에 위탁하는 것도 하나의 방법이다.

다시 한번 강조하지만, 이것은 어디까지나 전략과 결부시켜야 한다. 어떤 계층의 약점만 개선하려고 하는, 예를 들어 '중견 영업인의 컨설팅 능력을 높이는 교육' 등의 단일 콘셉트로는 곤란하다. 고객에게 정확한 해결책을 제공해 주기 위해 '신입·중견 영업인의 컨설팅 능력 강화', '영업 관리자 리더십 교육', '신뢰관계를 확립할 커뮤니케이션 능력 강화'를 연동시키는 등 장기적인 관점에서 영업 부문을 전체로 해서 체계화시키는 것이 중요하다.

한정된 리소스로 효과적·효율적인 커리큘럼을 개발한다

교육에는 끝이 없다. 향상시키겠다는 마음만 있으면 기획은 얼마든지 할 수 있다. 그러나 교육에 대한 리소스가 무한하지는 않다. 따라서 시간과 비용을 고려하여 검토하는 것이 중요하다. 성과 영업을 실현할

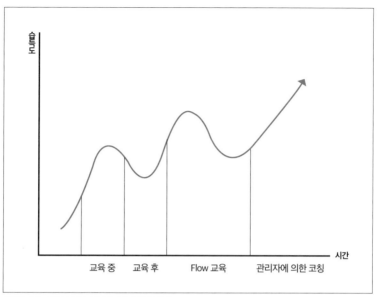

세로축: 습득도
가로축: 시간

교육 중　교육 후　Flow 교육　관리자에 의한 코칭

〈그림 7-1〉 집합 교육과 현장 교육과의 연동

교육 커리큘럼 개발에 있어서도 가장 효과적인 방법은 무엇인가를 선택해야 한다. 예를 들어 영업인의 컴피턴시 모델 개발에 앞서 매니저의 매니지먼트 능력을 높여야 한다면, 매니저 자신이 전략을 입안하도록 하는 실습 중심의 교육을 검토하는 등의 방식이다. 그 내용은 영업 전략과 결부시켜 세상의 변화나 고객의 기대, 역할 변화 등을 수용한 것이어야 한다.

교육 후 follow—up과 코칭을 한다

교육에서 최대의 과제는 교육을 어떻게 현장과 연동시킬 것인가 하는 점이다. 〈그림 7-1〉은 교육 수강자의 습득 곡선을 나타낸 것이다. 이

곡선을 보면 교육 중에는 수강자의 습득도가 높아져 급상승하지만, 교육 후에는 갑자기 떨어진다는 것을 알 수 있다. 습득 곡선이 떨어지지 않고 조금이라도 교육 효과를 높이는 포인트는 '지속적인 학습', '매니저에 의한 코칭', '자기계발'이다. 이런 follow-up이 있어야 비로소 수강자의 행동이 변할 수 있다.

따라서 배운 내용을 복습하고, 응용력을 키우기 위한 follow 교육이 필요하다. 하지만 수강자 자신이 학습을 지속하는 데에는 한계가 있다. 그렇기 때문에 교육을 잘 활용하기 위해서는 매니저가 교육내용을 명확히 파악하고, 그 성과를 확인하면서 영업인이 더욱 향상될 수 있도록 지원해야 한다. 영업 관리자의 관심을 유도하면서 교육내용을 현장에서 잘 활용하게 할 시스템을 구축하고, 강의실과 현장을 연동시킨 교육체계가 중요하다고 할 수 있다.

교육 효과를 측정한다

교육에도 비용이 드는 이상, 그 성과를 명확히 제시하여야 한다. 영업에서는 수강자 자신의 능력 외에 실적에 영향을 주는 다양한 요소가 있기 때문에 교육 효과 측정이 그리 간단하지 않다. 또한 고객의 기대에 부응하는 영업은 프로세스를 중시하고, 파트너십 확립을 지향하고 있다는 점에서 특히 효과가 잘 나타나지 않는다. 그렇다고 해서 한정된 리소스로 실시한 교육이 현장 니즈에 일치했는지, 방법은 적절했는지, 어디에 문제는 없었는지 등의 교육에 대한 냉정한 평가를 안 할 수는 없다. 효과 측정은 늘 교육 시스템 개선을 위해, 그리고 투자 대 효과에 관한 보고를 하기 위해서라도 아주 중요하다. ROI투자이익률의 극대화를 지향하고, 효과 측정을 통해 항상 최적의 교육 시스템을 정비해 두어야 한다.

효과 측정 방법으로는 다음과 같은 것이 일반적이다.

level 1 임팩트 효과 : 수강자 앙케트 등

level 2 이해도 : 수강자 테스트, role-playing

level 3 행동 개선도 : 교육 후, 일정 기간이 지난 후에 행동조사, 매니저 인

터뷰

level 4 실적 공헌도 : 매출 측정, CS 조사 등

효과 측정이 어렵기 때문에 실제로는 수강자에게 교육의 임팩트를 묻는 '레벨 1'의 설문조사 정도에 머무르는 경우가 많다. 그러나 새로운 과제를 추출해서 지속적인 개선활동을 해 나가기 위해서는 반드시 '레벨 4'까지를 실시해야 한다. '레벨 4'까지 실시해야 비로소 전략적인 인재 육성은 완결된다고 할 수 있다.

의욕과 능력에 따른
맞춤형 교육

영업 관리자들이 영업인 관리에서 흔히 범하는 오류는 활동 관리에 대한 평가에서 나타난다. 그들이 주목하는 것은 영업인의 '활동 생산성'이다. 이를 중심으로 관리하고 평가한다. 최근 들어서는 영업인의 활동 생산성을 높이기 위한 관리 스킬들도 많이 개발되었다.

활동 일일 리포트, 시간 사용 분석, 매장별 등급 설정, 매장 관리 체계화 방문 횟수, 소요 시간, 방문 모니터링 시스템, 교육 및 경력 관리, 핵심 성과지표 관리KPI System 등의 방법들이 꾸준히 개발되어 적용되고 있다. 그러나 무엇보다 중요한 것은 다양하게 개발된 관리 스킬들을 적용하기에 앞서 과연 영업인의 성과와 연결되는 실질적 포인트가 무엇인지를 찾는 것이다. 이것이 영입인 관리의 핵심이라고 할 수 있다.

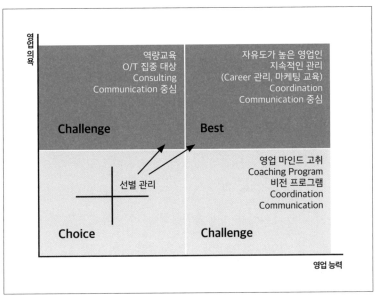

U사의 영업 사원 의욕과 능력에 따른 관리 방법

Best 그룹에는 독창성을, Challenge 그룹에는 매칭을

소비재 방문판매 회사인 U사는 영업인이면서 동시에 개인 사업가 신분인 2,000여 명에 대해 성과를 유도하는 독특한 관리 방법을 갖고 있는 것으로 알려져 있다. 자세히 살펴보면 어떤 특별한 노하우를 갖고 있는 것이 아니라 매우 단순한 방법을 적용하고 있음을 알 수 있다. U사는 복잡한 영업인 관리를 2가지 핵심적인 관리 요소로 압축했다. 하나는 '영업인의 의욕'이고 다른 하나는 '영업인의 능력'이다.

위 그림은 U사가 영업인을 관리하는 전략적 관리의 기본 틀이다. 영업 의욕과 능력이라는 2가지의 전략적 관리 기준을 활용하여 '4기회

발굴 그룹'으로 나누고 이를 영업인 관리의 핵심 방향으로 삼고 있다. 'Best', 'Focus', 'Challenge', 'Choice'가 그것이다.

U사는 영업 능력과 의욕이 높은 고성과 그룹을 'Best'라고 부른다. 이 그룹의 특징은 충성 고객이 많다는 것이다. 또한 충성 고객들로부터 신규 고객을 소개받는 데도 탁월한 면모를 보인다. 따라서 이 그룹에 대해서는 최대한 독창성을 부여함으로 좀 더 창의성 있는 영업을 할 수 있도록 유도한다. 꾸준함을 유지할 수 있도록 경력 관리를 지원해 주고 있으며, 한 단계 높은 차원의 마케팅 교육을 받을 수 있도록 권장하고 있다. 또한 Best 그룹 영업인의 방법이 새로운 사업 기회의 발굴로 이어지는 경우가 많다는 점에 착안하여 새로운 영업 모델 개발에 Best 그룹의 영업인들을 적극 참여시키고 있다.

고객을 두 유형으로 나누면 '기존 고객'과 '신규 고객'이 될 것이다. 신규 고객 개척의 핵심은 '절대 고객 수'를 늘리는 것이다. 반면에 기존 고객 관리의 핵심은 '충성 고객의 수'를 유지하는 것이다. 영업인의 성과, 즉 판매력은 신규 고객을 창출하는 것 못지않게 기존 고객을 충성 고객으로 만드는 것에 달려 있다. 그래서 많은 회사들이 고객을 지속적으로 묶는 방안을 다양하게 강구하는 것이다. 가전제품 업계의 렌털 시스템, 학습지 업체의 수강생 1:1 지도 등이 대표적이다. 그 밖에도 보험 등 방판업계를 중심으로 고객을 묶어두기 위한 아이디어 발굴과 활동이 활발하게 전개되고 있다.

영업 능력은 있으나 의욕이 떨어져 있는 그룹은 'Focus'라고 부른다. 이 그룹에 속한 영업인들은 Best 그룹에서 떨어졌거나 오랜 기간 영업을 해서 특별한 동기부여가 없는 경우다. 흥미로운 점은 인센티브 제도를 잘 만든다고 해서 이 그룹의 성과에 획기적인 영향을 주지는 못한다는 것이다. 그보다는 새로운 비전을 가질 수 있도록 목표 설정 방법을 바꾸거나 다른 영업 조직에 투입하는 것이 효과적이다. 개별적인 카운슬링 프로그램으로 개개인의 문제를 파악하고 해결해 주는 관리 방법도 적극적으로 시행할 필요가 있다.

영업 의욕은 넘치지만 능력이 없는 그룹은 'Challenge'라고 한다. U사는 이 그룹의 관리를 가장 중요하게 보고 있다. 잠재된 능력을 발휘하도록 하면 기대 이상의 성과를 올릴 가능성이 크기 때문이다. 그래서 영업인 개개인의 특성을 잘 파악하여 적절한 프로그램을 운영하고 있다. 영업 역량에 대한 교육과 고성과자를 적절히 매칭 시키는 관리를 통해서 능력과 성과를 끌어올리도록 유도한다.

마지막 그룹은 영업 의욕과 능력 둘 다 부족한 'Choice'라 이름 붙여진 그룹이다. 이 그룹에 속하는 영업인들에 대해서는 선별적 육성 쪽으로 방향을 잡고 재교육 시스템을 적용하여 관리하고 있다. 의욕이나 역량이 모두 낮은 단계에 있어 언제든 그만둘 가능성이 있으므로, 우선적으로 의욕을 제고하는 데 초점을 맞추고 나서 선별적으로 역량을 강화해 나가는 것이 바람직하다.

이와 같이 영업인은 의욕과 능력 정도에 따라 각기 다른 방법을 통해 교육이나 코칭을 실시하는 것이 효과적이다.

chapter 8

훈련은
신중하고
계획있게

영업에서 성공하려면 자기 신뢰와 세일즈 능력, 고된 노력 그리고 활동량이 정비례해야만 한다.
이중 영업 성공의 가장 큰 변수는 자기 신뢰이다. —토니 고든(Tony Gordon, 보험영업인)

제프 콜빈Geff Colvin은 『재능은 어떻게 단련되는가Talent is Overrated』를 통해 위대한 성과의 비결은 해당 분야의 '전문 지식'과 '반복적인 훈련'에 있다고 주장한다.

탁월성에 대한 기존의 이론은 크게 두 가지 이슈로 나뉜다. 바로 재능 본성과 훈련 양육이다. 제프 콜빈은 그중 후천적 훈련의 중요성을 강조하였다. 그러나 제프 콜빈의 주장이 기존의 다른 주장들에 비해 더욱 설득력을 갖는 이유는 아무리 일정 시간 이상 반복해서 훈련한다고 해서 반드시 탁월한 성과를 얻는 것은 아니라고 주장하는 데 있다. 그의 주장은 말콤 글래드웰Malcolm Gladwell에 의해 잘 알려진 '1만 시간의 법칙'과 동일선상에 있지만 근본적으로 다른 개념이다. 그는 앤더스 에릭슨Anders Ericsson의 '신중하게 계획된 훈련Deliberate Practice'의 개념을 통해 이를 체계적으로 설명하고 있다. 신중하게 계획된 연습은 다음의 다섯 가지 특성에서 다른 이론들과 구분된다.

1. 성과를 높이려는 목적으로 설계된다.
2. 수없이 반복 가능하다.
3. 끊임없는 피드백을 제공받는다.
4. 정신적으로 상당히 힘들다.
5. 재미는 별로 없다.

영업 고수들의 탁월성 또한 이와 다르지 않다. 영업스킬이 제2의 천성이 될 때까지 기본 원칙들을 반복해서 실행해야만 한다. 영업 성과를 눈에 띄게 증가시켜줄 훌륭한 기술들을 습관처럼 익히는 일, 이것이 바로 이 책의 목적이다.

연기자는 대본,
영업인은 스크립트!

많은 영업인들이 영업 스크립트라는 말만 들으면 기겁을 하고 뒷걸음질 친다.

"스크립트대로 따라 하면 너무 진부하고 작의적인 것 같아서 어떤 고객도 제 이야기를 진지하게 받아들이지 않을 겁니다."

이런 이야기를 들을 때마다 필자는 초보운전하던 시절의 이야기로 응수한다.

누구와 동승했고 미리 어떤 준비를 했는지는 중요하지 않았다. 그저 운전한다는 것 자체가 두려웠다. 그래서 초보운전 시절 필자는 정말 돌처럼 굳어버리곤 했다. 당시는 수동기어였기 때문에 기어 넣기, 방향등 켜기, 핸들 돌리기, 차선 변경하기, 백미러 살피기 등등 기억해야 할 것들이 너무도 많았다.

한 번은 차를 몰고 가다가 너무 운전에만 신경 쓴 나머지 사이드 브레이크가 잠겨 있는지도 모르고 달린 적도 있었다. 운전을 시작하고 몇 주 지나지 않아 고속도로를 나갔던 때를 누구나 기억할 것이다. 가슴이 두근거렸을 것이다. 하지만 떨린다고 해서 운전을 해야 할 때, 해야 할 일을 기억하지 못한다면 사고를 피하기 어렵다. 어느 정도 시간이 지나면 반사적으로 해야 할 일을 하게 된다.

지금도 처음으로 안전벨트를 매고 운전면허 시험을 준비했을 때와 마찬가지로 운전을 해야 할 일이 많다. 처음과 다른 점이 있다면 그동안 기본 원칙을 철저히 훈련했기 때문에 지금은 그것을 의식하지 않아도 된다는 사실이다. 그래도 여전히 정해진 형식을 따르고 있으며 예상치 못한 일이 벌어지면 그것을 조정한다. 바로 이것이 스크립트의 역할이다.

스크립트는 정해진 형식을 따르도록 하며 갑작스럽게 상화에 변화가 일어나면 재빨리 조정할 수 있게 한다. 따라서 영업인들이 스크립트를 따라 하는 말은 진부하거나 작위적인 얘기 같지도 또는 기계적으로 들리지도 않는다.

잠시 당신이 가장 좋아했던 영화에 대해 생각해 보자. 그 영화를 보았을 때 '세상에 이건 너무 억지스럽고 작위적이고 부자연스러워'라고 생각하지 않을 것이다. 하지만 영화를 제작한 사람들은 스크립트와 연기, 표정 하나하나를 꼼꼼히 세부적으로 사전에 계획했을 것이다.

그들은 영업인들이 걱정하는 것 이상으로 언제나 자신들이 하는 일을 피드백을 통해 수정하고 반복적으로 연습했을 것이다. 그런데도 마지막에 보여 지는 모습은 너무나 사실적으로 보인다. 어색했던 스크립트가 자연스럽고 사실적으로 변하는 것이다. 영업인들도 이와 마찬가지다.

무턱대고 고객의 사무실로 들어가기보다는 미리 전략을 짜고, 연습도 해보고 영감을 얻는 편이 낳을 것이다. 이 책에 실린 내용을 중심으로 스크립트를 작성하고 지속적으로 연습하자.

프로세스는
강력한 힘을 지녔다

안전한 비행을 위해 조종사가 이륙 전에 점검해야 할 사항은 무려 50가지가 넘는다고 한다. 그런데 수십 년간 비행기를 조종해 지식과 경험이 풍부한 조종사들조차도 비행 때마다 예외 없이 똑같은 프로세스를 순서대로 반복한다고 한다. 그 이유는 같은 프로세스의 반복이 항상 동일한 결과를 예측 가능하게 해주기 때문이다.

이처럼 프로세스는 발생하는 문제에 대해 파악하고 대응할 수 있는 정보를 제공한다. 제대로 된 프로세스를 반복하면 항상 동일한 결과를 기대할 수 있는 것이다. 대부분의 사고나 문제는 프로세스를 무시하거나 프로세스 상의 문제를 방치하기 때문에 발생한다. 이것이 바로 프로세스가 지니고 있는 힘이라고 할 수 있다. 그렇다면 프로세스에 대해 정확히 알아보기 위해 우선 사전적 정의부터 살펴보자.

- (조직적·체계적인) 일련의 조치, 방법(단계를 따라 추구하는 목표에 도달

하는), 처리 방 식이나 순서, 제조법, 공정

- 많은 변화를 포함하는 일련의 작용, 과정

- 전진, 진행, 진전

- 계속 진행되어 가는 상태

- 현재 진행 중인 일, 진척되어감

- (시간의) 경과, 추이, 흐름

- 기타 법률, 사진, 생물, 해부 시에 전용으로 사용되는 의미

이 책에서 다루고 있는 프로세스란 '고객의 성공을 도와주기 위하여 관련 기능들을 최적의 루트로 연결한 활동의 연속'을 말한다. 따라서 여기에는 목적, 단계별 중요한 활동 등이 포함된다.

성과가 뛰어난 영업인들이나 경험이 많은 영업인들은 실제로 그들이 따르는 일정한 프로세스가 있다. 새로 시작한 영업인들이나 성과가 저조한 영업인들을 살펴보면 대체로 프로세스를 가지고 있지 않거나, 무시하거나, 잘 따르지 않거나, 모르는 경우가 많다.

당신이 무엇을 판매하든 잠재 고객과의 첫 만남에서부터 계약 체결에 이르기까지는 일련의 단계가 있다. 물론 그것은 시장, 상품, 서비스, 구매자의 특성에 따라 다를 수 있다. 당신이 프로세스를 따라야 하는 가장 큰 이유는 각 단계에서 성과를 모니터링하고 측정할 수 있기 때문이다. 그러면 이를 통해 각 단계에서 향상된 결과를 개발하여 일관성을 향상시킬 수 있다.

필자는 성격이 다른 두 영업인을 관리한 적이 있었다. 한 사람은 많은

잠재 고객과 대화하고 많은 제안서를 제시해서 계약을 성사시켰다. 그는 많은 잠재 고객을 발굴했고 그 결과 많은 성과도 얻었다. 그러나 성과가 일정치 않았다. 그는 체계적인 접근 방법을 따르기보다는 오직 열심히 일만 하는 스타일이었다. 그는 자신의 영업 활동 중 어느 단계에서 개선이 필요한지 전혀 알지를 못했다.

다른 한 사람은 잠재 고객은 적었지만 고객의 구매 단계나 자신의 영업 프로세스를 구체적으로 파악하고 있었다. 그는 항상 장기적으로 예측했으며 높은 정확성을 보여줬다. 그는 자신의 잠재 고객과 고객이 어느 단계에 있는지를 파악하고 있었다. 이로 인해 그는 시간이 지나면서 피드백을 통해 꾸준히 스스로를 계발할 수 있었다.

영업 활동에서 프로세스는 원하는 성과를 달성하기 위한 모든 활동과 뼈대를 제공한다. 프로세스에 중점을 두는 것은 많은 시간을 필요로 하지 않으면서도 큰 차이를 가져온다. 즉 프로세스를 따르고 그것을 잘 관리하면 꾸준한 성과를 올릴 수 있으며, 그렇지 않으면 성과에 대한 격차가 심해지고 예측도 불가능해진다. 그러나 불행히도 보통 이하의 성과를 내는 많은 영업인들은 성과를 내는 데에 필요한 프로세스를 모르거나 무시한다. 직감으로 일하거나 때로는 검증되지 않은 프로세스를 따르기도 한다.

골프 경기를 보면서 선수들이 어떤 프로세스를 따르는지 생각해보자. 매 홀마다 당신은 선수들이 다음과 같은 프로세스를 따르는 것을 볼 수 있을 것이다. 가장 먼저 서서 혹은 앉아서 공과 땅을 유심히 본다. 그러고 나서 목표물을 정하고, 날아갈 방향을 예측한 후, 가볍게 한두 번

스윙을 연습한다. 그리고 손과 발을 정렬하고 호흡을 가다듬은 후, 모든 것이 안정되었을 때 스윙을 한다.

어떤 분야든 자신의 일에서 성과를 내고 있는 전문가들은 모두가 이렇게 자신만의 프로세스를 따른다. 당신은 자신만의 체계적인 영업 프로세스를 가지고 있는지, 그리고 따르고 있는지, 관리자인 당신은 어떤 조직에 최적인 프로세스를 알고 있는지, 그리고 구성원들과 공유하고 있는지, 혹시 개인의 직관과 상황, 임기응변에 의존해 모험을 하고 있지는 않는지 자문해 보자.

프로세스와 피드백은
왜 필요한가?

프로세스는 다음과 같은 4가지 기본적인 특성이 있다.

- 설명이 가능하다(정의)
- 반복이 가능하다(반복)
- 측정이 가능하다(분석·평가)
- 결과 예측이 가능하다(예측)

설명이 가능하다는 것은 해당 프로세스의 내용을 분명히 정의하는 것, 즉 목적과 일련의 활동을 평가 기준, 지표, 기대, 결과 등으로 세분화해서 명확히 설명하고 수치화하는 것을 말한다.

일례로 노트북을 제작하는 프로세스를 생각해 보자. 목적은 노트북을 조립하는 것이 될 것이다. 그리고 그 프로세스에는 기획, 설계, 제조, 출하 등 노트북을 제작하기 위한 일련의 활동이 포함될 것이다. 평가 기준이나 지표에는 기획에서 제품 출하까지 걸리는 시간, 제조 중 불량품으로 폐기되는 노트북의 수, 전체 대비 불량률, 재고 회전 기간 등이 포함될 수 있다. 그렇게 보았을 때 우리는 성과를 창출하는 일련의 활동을 프로세스로 정의할 수 있다.

반복이 가능하다는 것은 해당 프로세스를 몇 번씩 반복해도 본래의 내용이 변하지 않는 것을 말한다. 실제로 프로세스의 결과는 사전에 정의된 일정한 오차 범위 내에서 동일하게 나타나게 마련이다. 노트북을 제작하는 프로세스에서는 정의된 활동을 반복적으로 실행하면 동일한 노트북이 만들어진다. 만약 기획이나 설계 단계에서 차이가 발생한다면 다른 노트북이 만들어질 것이다. 물론 통계학적으로 완전히 동일한 경우는 거의 없기 때문에 일정한 오차 범위 내에서 동일한 노트북이 생산될 것이다.

측정 가능하다는 것은 프로세스의 과정을 측정하고, 그 내용을 분석, 평가하는 것이 가능하다는 의미이다. 프로세스란 일련의 활동을 나타낸다. 따라서 시작부터 끝까지 반드시 해야 하는 활동, 능력, 시간 등을 수치화된 평가 기준이나 지표로 나타내는 것이 가능하다.

결과 예측이 가능하다는 것은 프로세스가 일정한 결과를 불러온다는 것을 의미한다. 앞에서 언급한 노트북을 제작하는 프로세스는 일정 기간에 몇 대가량의 노트북이 생산되는 결과를 가져온다. 그렇게 되면 자연스럽게 측정을 통해 결과를 예측할 수 있고, 실현 가능한 목표를 세우는 것도 가능해진다.

영업도 마찬가지다. 프로세스를 단계별로 수행하는 데에 필요한 중요한 행동들을 이해하고 따라가면 성과를 예측할 수 있다. 인간은 특별한 천재나 예술가를 제외하면 잠재 능력이나 재능 면에서 크게 차이가 나지 않는다. 단지 체계적으로 프로세스를 밟는 사람과 그렇지 않은 사람이 있을 뿐이다.

바둑을 좀 둔다는 사람들은 경기가 끝나면 복기를 한다. 처음부터 자신이 두었던 수들을 다시 두면서 잘못된 부분을 찾는 것이다. 만약 당신이 잠자리에 들기 전에 하루를 복기한다면 더 나은 삶을 살 수 있을 것이다. 그리고 영업인으로서 나와 팀의 성과도 향상되고 실력도 늘어날 것이다. 복기는 프로세스상 잘 된 점과 개선점을 근본적으로 돌아보는 작업이다. 이를 통해 문제점이 보완되면 다음에 같은 시도를 하더라도 어느 정도 성공을 예측할 수 있다. 복기가 바로 피드백인 것이다.

당신도 무언가 시도해서 실패하면 프로세스 상의 문제가 없었는지 돌아보고 그 원인을 찾아낼 필요가 있다. 자신이 수행했던 방법과 프로세스를 꼼꼼히 따져보고 효과적으로 바꾸면 획기적인 향상이 가능하기 때문이다. 모든 일에 프로세스가 있다는 것을 이해하면 다양한 활동들을 프로세스라는 프레임에 연관 짓는 것이 가능해진다. 하물며 라면을 끓이거나 멋진 요리를 만드는 데에도 프로세스가 있다.

피드백은 프로세스 사이에 존재하는 소중한 정보로 프로세스는 피드백의 어머니라 할 수 있다. 어떤 결과를 만들어 내는 데에 필요한 활동들을 최적의 루트로 연결해 놓은 것이 바로 프로세스이고, 최적의 프로세스를 따르고 있지 않을 때 방향을 고쳐주고 잡아주는 것이 피드백이다. 피드백은 프로세스에 필요한 행동들의 방향을 잡아주고 최상의 수행이 될 수 있도록 정보를 제공해 준다. 프로세스가 없으면 피드백도 없다.

영업에서 프로세스란 '고객의 성공을 도와주기 위해 거쳐야 하는 일련의 행동이나 반복적으로 행해지는 정해진 행동 양식'이다. 잘 정의된 영업 프로세스는 영업 기회를 포착하고 분석하는 영업 활동의 각 단계를 원활하게 연결시켜 높은 성과를 얻게 해준다. 영업 프로세스는 영업인이 아니라 고객에게 초점을 맞춰 정의되어야만 한다. 체계적인 영업 프로세스가 필요한 이유는 명확하다. 그것을 따르면 다음과 같은 이점을 얻을 수 있기 때문이다.

- 개인은 물론 조직 차원에서도 문제를 찾아내 원인을 규명할 수 있다.
- 영업의 성공 가능성을 매우 정확하게 예측할 수 있다.
- 영업인들 사이에 공통의 언어가 만들어진다.
- 고객의 기대치를 조절하고, 만족도를 높일 수 있다.

기법 향상과 피드백의
상관관계

　대개 영업 이론이나 개념 설명과 같은 교육은 강의실이나 회의실에서 이루어지기 마련이다. 반면에 기법 향상을 위한 연습이나 피드백, 지식 보강 등은 고객과의 직접적인 만남을 통해 이루어진다. 즉 현장에서 영업 기법을 활용하거나 여러 가지 시나리오와 영업 과정을 실행해 보며 교정해 나가는 것이다. 이것을 현장 지도 또는 코칭이라고 한다. 하지만 피드백과 보완이 뒷받침되지 않는 영업 이론이나 지식은 앙꼬 없는 찐빵과도 같다.

　영업 기법은 개인적 차원의 능력으로 고객에게 최상의 결정을 내리도록 도와주는 것을 말한다. 그리고 영업 실적은 신뢰를 기반으로 한 영업인의 태도, 영업 기법과 전략, 노력 등에 비례한다. 똑같은 노력을 전제로 할 경우 영업 기법이 결정적인 성과의 요인이 된다는 것은 두말할 나위가 없다. 영업 기법은 일단 일정 수준에 도달하면 습관화되어 지속적인 발전의 토대가 된다. 그러나 영업 기법의 향상을 경험에만 의존한다면 많은 시간과 시행착오를 겪어야 한다. 따라서 그 해법으로는 교육과 코칭이 지름길이라고 할 수 있다.

영업인은 선천적으로 자질을 지니고 태어나는 것이 아니라 후천적인 교육에 의해 만들어진다. 하지만 아직까지 이론적인 교육에만 치중하고 있는 기업들이 많다. 운동선수들과 마찬가지로 영업인도 무의식적으로 행동할 수 있는 수준에 도달해야 비로소 전문 영업인이 될 수 있다. 따라서 이제는 영업인들에게도 현장 중심의 교육과 코칭이 병행되어야만 한다. 최근에 기업들이 일반적으로 실시하는 영업 교육은 다음의 3 Step으로 구성된다.

Step 1 : 실내에서 강사가 일방적으로 주입시키는 이론 교육

Step 2 : 실내에서 능력 개발을 위한 Role Play, Case Study, 상담 교육

Step 3 : 현장에서 실제적 기법이나 코칭을 통한 훈련 방식

여기서 이상적인 형태의 교육은 Step 3에서 경험한 것을 Step 2의 단계로 가져가 Step 1에서 배운 지식과 비교하여 올바른 것인지 점검하고, 그 결과를 다시 Step 3으로 가져가서 훈련하는 것이다.

이를 다시 정리하면 다음과 같다.

• 기본 지식을 습득한다.

• 현장 실습을 통해 경험을 익힌다.

• 그 경험을 다시 기본 지식과 비교하고, 점검한다.

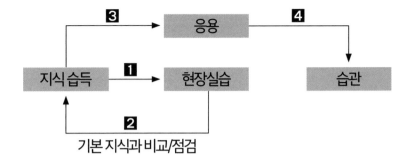

- 그 지식을 영업 일선에서 응용하여 새로운 지식으로 축적한다.
- 이 새로운 지식을 다시 가져와 보완한다.

이런 반복을 통해 지식이 경험으로, 경험이 다시 새로운 지식으로 순환되는, 즉 지식 → 경험의 연결고리를 통해 영업에 필요한 기법들을 습관화해가는 것이 바람직하다. 이론만 가지고는 영업에 필요한 기법들을 습득할 수 없다. 현장에서 직접 체험한 것이 이론과 일치되었을 때에 비로소 완전한 지식과 능력이 된다. 그러므로 기법을 습득하고 향상시키는 것은 실전 위주의 훈련과 코칭을 통해 이루어져야만 한다.

영업에 대한 교육은 사기를 높여주고 이직률을 줄이는 데에 도움을 준다. 하지만 그것만으로는 실적이 향상되지 않는다. 그 이유는 영업인들을 교육하는 많은 기업들이 지속적으로 보강을 하지 않기 때문이다. 일반적으로 기업들은 영업 교육을 하나의 행사로 여기는 경우가 많다. 영업 교육이 성과를 거두기 위해서는 일회성이 아니라 끊임없이 지식을 보강하는 과정으로 나아가야 한다.

앞선 연구 American Society for Training & Development Journal에서 밝힌 바와 같이 대상으로 한 영업 기법 교육은 지속적인 보강이 뒤따르지 않으면 배운 내용의 13%밖에 기억하지 못한다. 이것은 지속적인 피드백과 사후 관리가 그만큼 중요하다는 것을 의미한다. 영업인의 능력 향상에 필요한 것은 교육 내용이 아니라 영업인의 행동에 결정적 영향을 주는 피드백, 강화, 실행이라는 것을 알 수 있는 대목이다.

영업 전략과 영업 기법은
어떻게 개발하는가?

　당신이 소비재 상품이나 거래 금액이 적은 상품을 주로 취급하는 영업인이라면 영업 전략이 그다지 필요하지 않을 수도 있다. 오히려 잠재 고객을 한 명이라도 더 만나고 고객과의 상담을 효과적으로 신속하게 끝내고 다른 고객을 만나는 것이 더 낫다. 이런 경우에는 하루에 몇 명을 만날 수 있을지가 더 중요할 수도 있다.

　그러나 당신이 수십억 원을 호가하는 설비나 장치 같은 것을 거래하는 영업인이라면 상황은 달라진다. 이런 경우에는 단순히 고객을 만나 상황에 대처하는 것 외에도 별도의 전략이 필요하다. 계약까지 그 기간도 오래 걸릴 뿐 아니라 개별 상담에 필요한 기법만으로 성과를 거두기 어렵기 때문이다. 따라서 전략이라는 큰 틀에서 영업 기법을 점검하고 상사나 동료 또는 팀원들과 함께 전략을 세워야 한다.

　그런데 여기서 꼭 짚고 넘어가야 할 것이 한 가지 있다. 소규모 소비재를 취급하는 영업인에게는 영업 기법이 중요하고, 대규모의 자본재나

중간재를 취급하는 영업인이라고 해서 영업 기법이 중요하지 않은 것은 아니라는 것이다. 영업 기법은 거래 형태와 상관없이 영업인에게 가장 필수적인 기본기이다. 그러나 대형 거래를 주로 하는 B2B 영업 조직에서는 영업인들은 물론 관리자나 경영진들까지도 전략만 중시하는 경향을 보인다.

영업인들 중에 영업 기법은 충분히 갖추었다고 생각하는 경우가 많다. 그러나 실상은 기본적인 상담 원칙이나 기법조차 알지 못한 채 검증되지 않은 관행을 어깨너머로 배워 활용하고 있는 경우를 쉽게 볼 수 있다. 최근 사회적으로 큰 이슈가 되어 경영진 전체가 매스컴을 통해 공개적으로 사과까지 했던 N사의 밀어내기가 그 좋은 사례이다. 어디 N사뿐이겠는가, 이런 관행이 사라지기까지는 많은 시간과 노력이 필요할 것이다.

영업에서 전략과 기법은 중요한 상관 관계가 있다. 전략을 궁극적으로 구현해 주는 것이 바로 기법이다. 축구를 예로 들어 보자. 경기에서 승리하기 위해 감독이나 코치, 선수들은 많은 시간을 들여 상대를 분석하고 전략을 짠다. 그런데 막상 경기가 시작되면 그 전략을 성공적으로 수행하는 것은 선수 개개인의 개인기, 즉 기법이다.

전략이 아무리 훌륭하고 좋다 하더라도 그것을 실행하는 선수에게 기법이 없다면 어렵게 얻은 페널티킥을 실축으로 날려버린다든가, 상대방 문전까지 공을 몰고 갔다가 상대 수비수에게 번번이 막히는 등 전략을 득점과 연결시키지 못할 것이다.

영업을 비롯해 프로젝트를 진행하거나 사업을 추진할 때, 전략뿐 아

니라 이를 수행하는 구성원들의 기법 또한 중요한 요소임을 인식해야
하는 이유가 바로 여기에 있다.

기법 향상의 황금률

신입 영업인들은 무조건 많이 배우고, 처음에 다 배워야 한다고 생각
하는 사람들이 많다. 그것만 가지고도 현장에 나가 상황에 맞게 적절히
활용할 수 있다고 믿기 때문이다. 그러나 모든 것을 한꺼번에 배우고 습
득하는 것은 혼란을 가중시키고 압박감을 줄 뿐이다. 신입 영업인들은
새로운 지식을 한꺼번에 받아들이거나 그렇게 많은 내용을 다 소화하
는 데에 한계가 있다.

영업 교육을 효과적으로 하기 위해서는 한 번에 하나의 기법을 배우
고 그것을 반복해야 한다. 최고의 선수들도 한 가지에 초점을 맞추고 반
복함으로써 자신을 변화시켜 나간다. 실제로 한두 가지의 기법에 초점
을 맞춘 교육이 실무에서 더 효율적으로 일할 수 있는 기회를 제공한다.
영업 기법을 습득하기 어려운 이유는 대부분의 영업인들이 기법보다 지
식을 습득하는 데에 더 많은 노력을 기울이기 때문이다.

일반적으로 많은 사람들이 지식을 기법에 응용하기보다는 지식을 학
습하는 데 더 많은 시간을 사용한다. 영업인들이나 관리자들이 기법 향
상에 고전하는 이유는 기법의 습득 방법에 대해 별로 생각하지 않기 때
문이다.

기법을 효율적으로 습득할 수 있는 방법에 대해 더 자세히 알고 싶다

면《당신의 세일즈에 스핀을 걸어라》를 읽기를 권한다. 이 책에서는 기법 향상을 위한 황금률을 다음과 같이 정리하고 있다.

〈원칙 1〉한 번에 한 가지 행동만 연습한다

대부분의 사람들은 기법을 향상시키려고 할 때 한꺼번에 너무 많은 것을 하려고 한다. 예를 들어 고객의 니즈 탐색을 위한 질문을 연습할 때, '지금까지 했던 것처럼 곧바로 준비한 해결책을 제시하지 말고, 질문을 통해 충분히 고객의 니즈를 탐색하고 나서 방치했을 때의 결과를 인식하게 하는 질문을 하고, 해결되었을 때의 이점에 대해 인식하게 하는 질문을 추가적으로 해볼 생각이야. 그다음에 해결책을 제시할 거야'라고 생각한다. 하지만 이렇게 한다면 실패한다.

스포츠 분야의 유능한 코치들은 선수들의 기법을 향상시키기 위해 '한 번에 한 가지만'을 강조한다. 100달러 지폐의 주인공이자 미국 내에서 가장 존경받는 인물 중 한 사람인 벤저민 프랭클린도 이와 비슷한 이야기를 했다. 그는 자신의 자서전에서 복잡한 기법을 여러 개의 행동으로 나눈 다음, 한 번에 한 가지 행동만을 향상시키기 위해 노력했다고 썼다. 이런 사람들의 말에 힘입어 기법 습득을 위한 황금률 제1원칙을 다음과 같이 제안한다.

"먼저 연습할 내용을 한 가지만 선정하라. 그 행동에 완전히 자신감을 느끼기 전까지는 다른 행동을 시작하지 마라."

〈원칙 2〉 새로운 행동을 최소한 세 번 이상 연습한다

새로운 것을 시도할 때 불편함을 느끼는 것은 당연하다. 처음 새 신을 신으면 발이 아픈 것과 같은 이치이다. 당신이 질문을 연습하기로 했다고 가정해 보자. 그러면 당신은 〈원칙 1〉을 염두에 두고 고객과의 상담에 임할 것이다. 하지만 질문이 고객에게는 의도적이고 인위적이며, 부자연스럽게 들릴 수 있다. 이로 인해 고객에게 긍정적인 좋은 인상을 심어주지 못할 수도 있다.

그러면 당신은 상담이 끝난 뒤 질문이 별로 도움이 되지 못한다고 결론을 내리기 쉽다. 다음번에는 질문 대신 원래대로 하는 것이 좋겠다고 생각하게 된다. 하지만 당신이 그런 결론을 내렸다면 잘못된 것이다. 자연스럽고 효과적으로 행동하기 위해서는 반복적인 연습이 필요하다. 새로운 기법도 마찬가지다. 길들이고 익숙해지는 데에는 시간과 연습이 필요하다. 영업 기법뿐 아니라 모든 것들은 처음에는 서툴고 잘되지 않는 법이다.

허스웨이트Huchwaite의 닐 라컴Neil Rackham은 프로 선수에게 골프 레슨을 받은 200명의 사람들을 대상으로 다음번 플레이가 향상되었는지 조사를 했다. 그랬더니 200명 중 157명이 이전보다 점수가 안 좋아졌다고 했다. 이에 대한 처방으로 그가 추천하는 원칙은 다음과 같았다.

"어떤 것도 세 번 이상 시도해 보기 전에는 그 행동의 효과에 대해 판단하지 마라."

〈원칙 3〉 질보다 양을 중시한다

영어와 같은 외국어를 구사하는 능력도 일종의 기법이라고 할 수 있다. 필자가 학창 시절 영어를 배울 때에는 문법이 가장 중요한 이슈였다. 시제나 문장 구조, 발음 등 주로 시험에서 좋은 성적을 얻기 위한 것이 학습의 주가 되었다. 그러나 요즘 아이들에게는 회화, 즉 자주 소리 내어 읽거나 말하는 것이 주가 되었다. 질보다 양에 주안점을 두게 된 것이다.

다른 나라말을 잘 구사하기 위해서는 말을 많이 해보는 것이 무엇보다 중요하다. 신뢰할 만한 많은 실험들에 의하면 말하기의 양을 강조하는 것이 학습 결과 면에서도 훨씬 더 효과적인 것으로 나타났다. 이런 방법으로 외국어를 공부한 학생들이 과거의 학생들보다 더 자신 있게 외국어를 구사했다고 한다.

더 놀라운 사실은 언어를 많이 사용함으로써 질도 향상되었다는 것이다. 실제로 발음과 문법 측면에서 측정한 언어 구사의 정확도에 있어서도 양적인 교육을 받은 사람이 질적인 교육을 받은 사람들보다 더 우수한 것으로 나타났다.

이런 원칙이 영업 기법에도 그대로 나타나, 실제로 많은 현장 전문가들에 의해 영업 기법도 외국어 훈련과 마찬가지로 양적인 측면에 집중하는 것이 훨씬 효과적이라고 입증되었다.

"연습할 때는 연습량에 초점을 맞춘다. 무조건 새로운 행동을 많이 한다. 그것을 매끄럽게 하고 있는지, 좀 더 멋지게 할 수 있는 다른 방법이 없는지 등과 같은 질적인 측면은 걱정하지 마라, 그런 것들은 효과적인 기법을 습득하는 데에 방해가 된다. 새로운 행동을 자주 하면 질적인 문제는 저절로 해결된다."

〈원칙 4〉 안전한 상황에서 연습한다

기법 훈련을 하기 위해 가장 중요한 고객을 방문한다면 그것은 개인이나 회사에 치명적일 수도 있다. 금방 배운 새로운 기법을 그런 상황에서 시도하면 고객에게 부정적인 인상을 심어줄 수 있기 때문이다. 따라서 그런 시도를 할 경우에는 당신이 잘 알고 있는 고객이나 실패해도 잃을 게 없는 대상에게 시도해볼 것을 권한다.

"새로운 행동은 그 행동이 익숙해지기 전까지는 안전한 상황에서만 연습하라. 새로운 기술을 연습하는 데에 매우 중요한 영업 상황을 이용하지 마라."

참고문헌

— 김상범 『영업혁신』 푸른영토, 2019

— 김상범 『팔지말고 코칭하라』 호이테 북스, 2013

— 후지제록스종합연구소 『전략적 솔루션영업』 정종식, 조광남 공역, 엑스퍼트컨설팅, 2004

— 스키타 히로아키 『보스턴컨설팅그룹의 영업 테크닉』 홍성민 옮김, 비즈니스맵, 2007

— 이마무라 히데아키 『보스턴컨설팅그룹의 B2B 마케팅』 정진우 옮김, 비즈니스맵, 2007

— Andris A. Zoltner, Prabhakant Sinha and Sally E. Lorimer 『Building a Winning Sales Force』 AMACOM, 2009

— Andris A. Zoltner, Prabhakant Sinha and Sally E. Lorimer 'Sales Force effectiveness : A framework for researchers and practitioners' Journal of Personal Selling & Sales Management 28(2), 2008

— Andris A Zoltners, Prabhakant Sinha, and Greggor A. Zoltners 『The Complete Guide to Accelerating Sales Force Performance』 AMACOM, 2011

— Barrent Riddleberger 『Blueprint of a Sales Champion』 Ratzelburg, 2004

— Barton A. Weitz and Kevin D. Bradford 'Personal selling and sales management : A relationship marketing perspective' Journal of the Academy of Marketing Science 27(2), 1999

— Brent Adamson, Matthew Dixon, and Nicholas Toman 'The End of Solution Sales' Havad Business Review, 2012

— Cespedes, Frank V. 『Aligning strategy and sales』 Harvard Business School Press 2014

— Charan, Ram 『What the Customer Wants You to Know』 Penguin Group USA, 2007

— Donald C. Hambrick and James W. Fredrickson 'Are you sure you have a strategy?' Academy of Management Executive Vol. 19, No. 4, 2005

— E. DelGaizo, et al, S. Lunsford, M. Marone 『Secret of top performing salespeople』 Tata McGraw-Hill Education, 2004

— Elizabeth C. Thach 'The Impact of Executive Coaching and 360-Degree Feedback on Leadership

Effectiveness' Leadership and Organization Development Journal 23(4), 2002

— Gregory A. Rich 'The Constructs of Sales Coaching : Supervisory Feedback, Role Modeling and Trust'
  Journal of Personal Selling & Sales Management 181(Winter), 1998

— Jerry D. Elmore 『The 5 Best Practice of Highly Effective Sales Managers』 AuthorHouse, 2005

— Joseph R. Forkman 『The Power of Feedback』 John Wiley & Sons, Inc., 2006

— Ingram, Thomas N., Raymond W. LaForge, Ramon A. Avila, Charles H. Schwepker, Jr. and Michael R.
  Williams 『Sales management : Analysis and Decision Making, 7th ed., M.E.』 Sharpe, 2009

— Kinni, Theodore 'How Strategic is your sales strategy?' Harvard Business Update 9(2), 2004

— Keith M. Eades 『The New Solution Selling』 McGraw-Hill, 2003

— Linda Richardson 『Sales Coaching : Making the Great Leap from Sales Manager to Sales Manager to
  Sales Coaching』 McGraw Hill, 1996

— Matthew Dixon and Brent Adamson 『The Challenger Sale』 Portfolio, 2011

— Moncrief, William C., Greg W. Marshall, and Felicia G. Lassk 'A contemporary taxonomy of sales
  positions' Journal of Personal Selling & Sales Management 26(1), 2006

— Neil Rackham 『SPIN SELLING』 McGraw-Hill, 1988

— Neil Rackham and Ruff Richard 『Managing Major Sales』 Harpercollins, 1991

— Philip Delves Broughton 『The Art of the Sale』 Penguin Group USA, 2013

— Robin Stuart-Kotze 『 Performance: The secrets of successful behaviour』 FT Press, 2006

— Rosann L. Spiro, Gregory A. rich and William J. Stanton 『Managemant of a Sales Force』(12th ed)
  McGraw-Hill, 2008

— Terry Beck 『High Performance Selling: Advice, Tactics, and Tools, the Complete Guide to Sales
  Success』 Harper Collins, 2000

성과가 올라가는
영업의 디테일

초판 1쇄 발행 2020년 05월 20일

지은이   성기재·김삼기·진기방·김상범

펴낸이   김왕기
편집부   원선화, 김한솔
디자인   푸른영토 디자인실

펴낸곳   **(주)푸른영토**
주소   경기도 고양시 일산동구 장항동 865 코오롱레이크폴리스1차 A동 908호
전화   (대표)031—925—2327, 070—7477—0386~9 팩스 | 031—925—2328
등록번호   제2005—24호.(2005년 4월 15일)
홈페이지   www.blueterritory.com
전자우편   blueterritorybook@gmail.com

ISBN 979-11-88287-99-8 03320

2020 ⓒ 성기재·김삼기·진기방·김상범